30年後に絶対後悔しない
2023〜2024年版
中古マンションの選び方

不動産コンサルタント 秋津智幸[監修]

河出書房新社

はじめに

新型コロナウイルス禍が収まらない中、２０２２年2月にはロシアによるウクライナ侵攻によって世界情勢が大きく変化しました。それに伴い、日本においては侵攻による資源高に加え、世界各国がインフレ対策として金利を上昇させたことで急激な円安傾向となり、さまざまな物の価格が上昇しています。この影響は不動産業界でも、建築コストの上昇という形で現れ、新築住宅はマンション・一戸建て共に高騰し、とくに首都圏の新築マンションにおいてはバブル期を超える高値となっています。

テレワークなど働き方や暮らし方が変化してきていますが、都心部のマンション人気は衰えず、少し郊外への住み替えや職住一体という生活スタイルに合わせた居住環境を求めるなど新たな住宅需要もあり、２０２２年も住宅の売れ行きは好調で、郊外を含む４大都市圏のマンション価格は新築・中古とも上昇傾向が続いています。

さらに、世界各国の金利上昇傾向は、今後、日本の金利政策にも影響を与える可能性が高く、実際に日銀は長期金利の上限を0・25%程度から0・5%程度へ引き上げました。これを受けてすぐに大手銀行は長期固定金利型の住宅ローン金利の引き上げを発表しています。したがって、これから新たに借り入れする長期固定金利型の住宅ローン金利は限定的かもしれませんが、すでに上昇しています。

一方で、物価上昇が顕著になってきている中、賃金はそれほど上昇しておらず、実質的な家計経済は厳しい状況にあるといえます。住宅ローンを利用して住宅を購入することは、以前にも増して返済計画や家計のリスク管理が重要になってきています。マンション価格が上昇し続ける今の状況では、家計のリスク管理の面からも、新築マンションよりも価格の安い中古マンションは魅力があるといえるかもしれません。

中古マンションの魅力は価格だけではありません。たとえば、希望の立地で探しやすいこともその一つです。とくに地価が高止まりとなっている今の状況では土地の確保が難しく、新築マンションが開発できる立地は限られており、自分が希望するエリアに建築されるとは限りません。一方、中古マンションはすでに建っているマンションから売り物件が出るため、新築マンションに比べ、希望の立地で売り物件が出る可能性が高くなります。とくにまとまった土地の確保が難しい地域では、中古マンションから希望物件を見つけるほうが現実的な選択肢となります。

しかしながら、一般的な中古マンションでは、公開されている情報に偏りがあるうえ、専門用語も多く、購入にあたって判断が難しいというのが現実です。新築と比べて耐震性など建物への「不安」や、どことなく「汚い」というマイナスイメージをお持ちの方もいらっしゃいます。

そこで本書では、中古マンションの購入にあたって、ぜひ「知っておきたいこと」を中心に、「どういった点を確認するべきか」を詳しく説明しています。取引の実際についてもできるだけ細かく掲載いたしました。

また、新築マンションよりも予算的に有利な中古マンションでは、購入時に好きな間取りや設備・仕様にリフォームする方も増えています。リフォームによって新築と同等のマンションへ生まれ変わるというのも、中古マンションを検討するうえでは外せない視点といえます。技術や設備の向上に伴い、より身近になったリフォームについても事例を用いながら紹介しています。購入時にはリフォームの必要がない方も、子どもの成長や老後など将来の間取り変更などの参考になるかと思います。

住宅購入時に多くの方が悩む住宅ローンの選び方についても、一つの章として取り上げています。商品によっては、借り換えや相続などのタイミングで思わぬ落とし穴となることもあるので、借入前にローンの種類や性格を理解しておくことが重要です。

本書が、中古マンションを検討している方の「不安」や「わからない」点の解消に、少しでもお役に立てば幸いです。

２０２３年３月

不動産コンサルタント　秋津　智幸

CONTENTS

【2023~2024年版】30年後に絶対後悔しない中古マンションの選び方

第2章　買い方の基本をおさえよう！

第4章　中古マンションのリフォームはここまでできる！

第5章　失敗しない住宅ローンの選び方

第6章　これで安心！　売買契約のチェックポイント

第1章

中古マンションなら少ない資金でも夢がかなう!

中古マンションの
得する理由

新築マンションより豊富な選択肢が用意されている

新築より圧倒的に多い中古マンション

2022年、全国の新築マンションの発売戸数は7万2967戸（不動産経済研究所調べ）。一方、中古マンションの新規登録件数は首都圏17万388件、中部圏2万2663件、近畿圏5万4745件（各レインズ調べ）と、三大都市圏だけでも、全国の新築マンションの発売戸数の約3・4倍に当たる24万7796件が供給されています。

新規登録された中古マンションの築年数を見ると、たとえば、首都圏では平均28・16年となっていて、1981年の新耐震基準（76ページ参照）以降に建てられた優良物件が大多数であることがわかります。

このように現在の中古マンションは数、質とも十分な選択肢が用意されているのに加え、中古マンションゆえにプランもバラエティに富んでいます。今の流行りに左右されず、自分好みの暮らしやすい住まいを選ぶことができます。

なぜ中古マンションなのか

中古マンションを敬遠する理由の一つとして、「売るときに高く売れない」という人がいます。しかし、新築マンションも、買うと同時に中古マンションの仲間入り。売るときは同じ市場になります。

たしかに中古は、築年数での不利は否《いな》めませんが、新築マンションを購入する際、5年や10年で手放すことを前提にしている人がどれくらいいるでしょうか。長く住むつもりであれば、新築も中古も大差はないのです。ただし、中古物件は玉石混淆《ぎょくせきこんこう》。「石」をつかまされないように注意は必要です。

Check! 築浅の優良物件も多数！ お得な住まいが必ず見つかる

■三大都市圏の中古マンションの対新規登録成約率

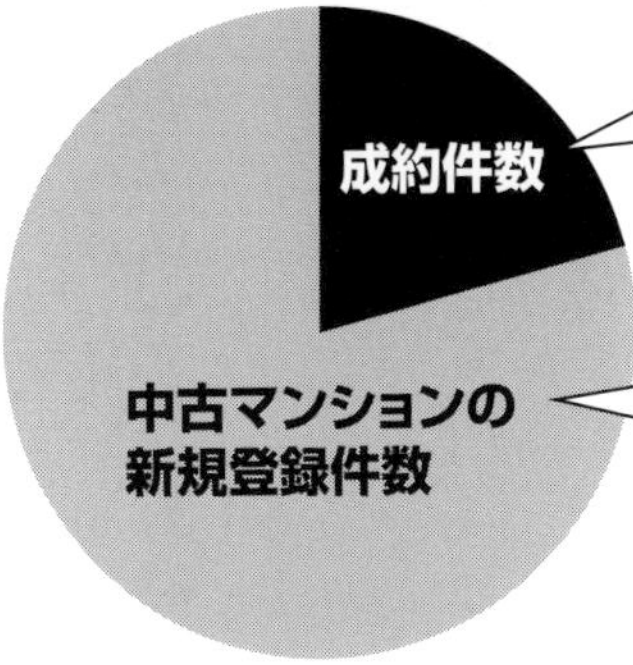

2022年の三大都市圏における中古マンションの成約件数は5万7,898件

一方、新規登録件数は24万7,796件。新築マンションの発売戸数をはるかに上回る数が供給されている

※各レインズ（公益財団法人東日本不動産流通機構、中部圏不動産流通機構、近畿圏不動産流通機構）の中古マンション登録数

▼

対新規登録成約率＝約23%

成約件数÷新規登録件数　　数多くの物件から選べる

■中古マンションが「買い」の理由

- ○ 新築マンションに手が出なくても、少ない予算で築浅の優良な中古マンションを購入できる
- ○ 時代ごとに流行が違うから、プランのバリエーションが豊富
- ○ リフォームで自分好みの間取りにすることも可能
- ○ 中古マンションだからといって、手放すときに不利になるとは限らない

中古マンションの得する理由

新築マンションに比べて断然コスパが高い

新築マンションには余分な費用が上乗せ

新築マンションの価格は、土地の取得や建築にかかる費用だけで決められるわけではありません。宣伝費やモデルルームの建設・維持費、販売会社への手数料など、購入者にとっては余分と思われる費用も上乗せされています。

一方、中古マンションの場合はどうでしょうか。中古マンションは基本的に、需要と供給のバランスで価格が決まります。売主の希望売却価格は、あくまで希望であって、市場の相場には逆らえません。そこに余分な価格を上乗せする余地はないといえるでしょう。しかも現在は、優良な中古物件がたくさんあり、思っているより多くの選択肢の中から選ぶことができます。

物件にふさわしい価格の中古

もちろん、新築マンションにも競合物件があり、相場があります。しかし、採算をとらなければならないという事情は、どの物件も同じです。つまり、新築マンションの場合、どうしても販売価格は売手側の都合によって決められることが多いのです。

また、新築物件には、必ずしも必要でない最新設備がついていることがあります。そのぶん販売価格が高くなってしまいます。その点、中古物件なら必要な設備だけを自分で選んで、購入後につけることができます。

中古マンションは、新築マンションのように売主の都合ではなく、需要と供給のバランスによって、その物件にふさわしい価格で売られているのです。

Check! 新築マンションには余分な価格が上乗せされている！

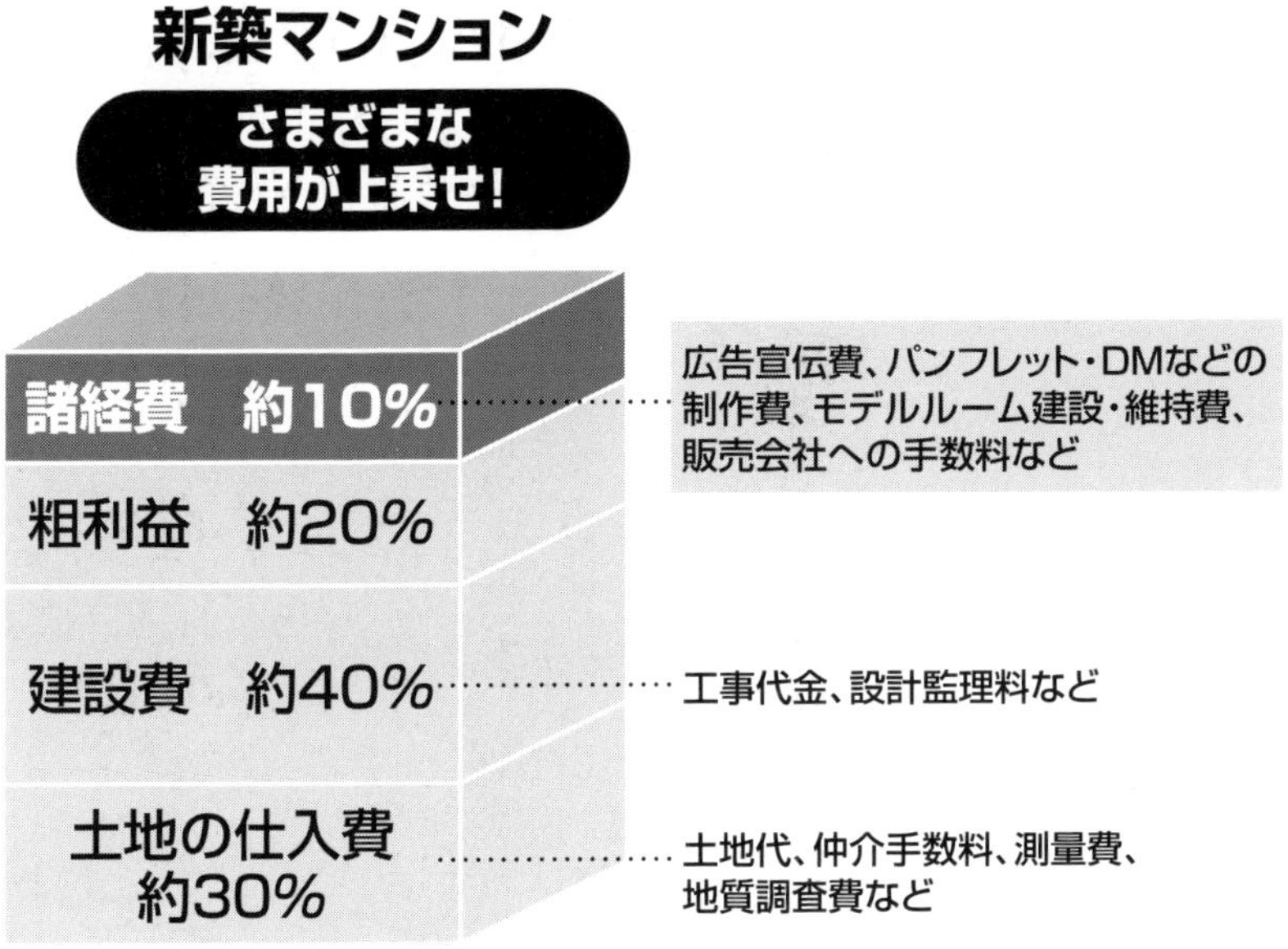

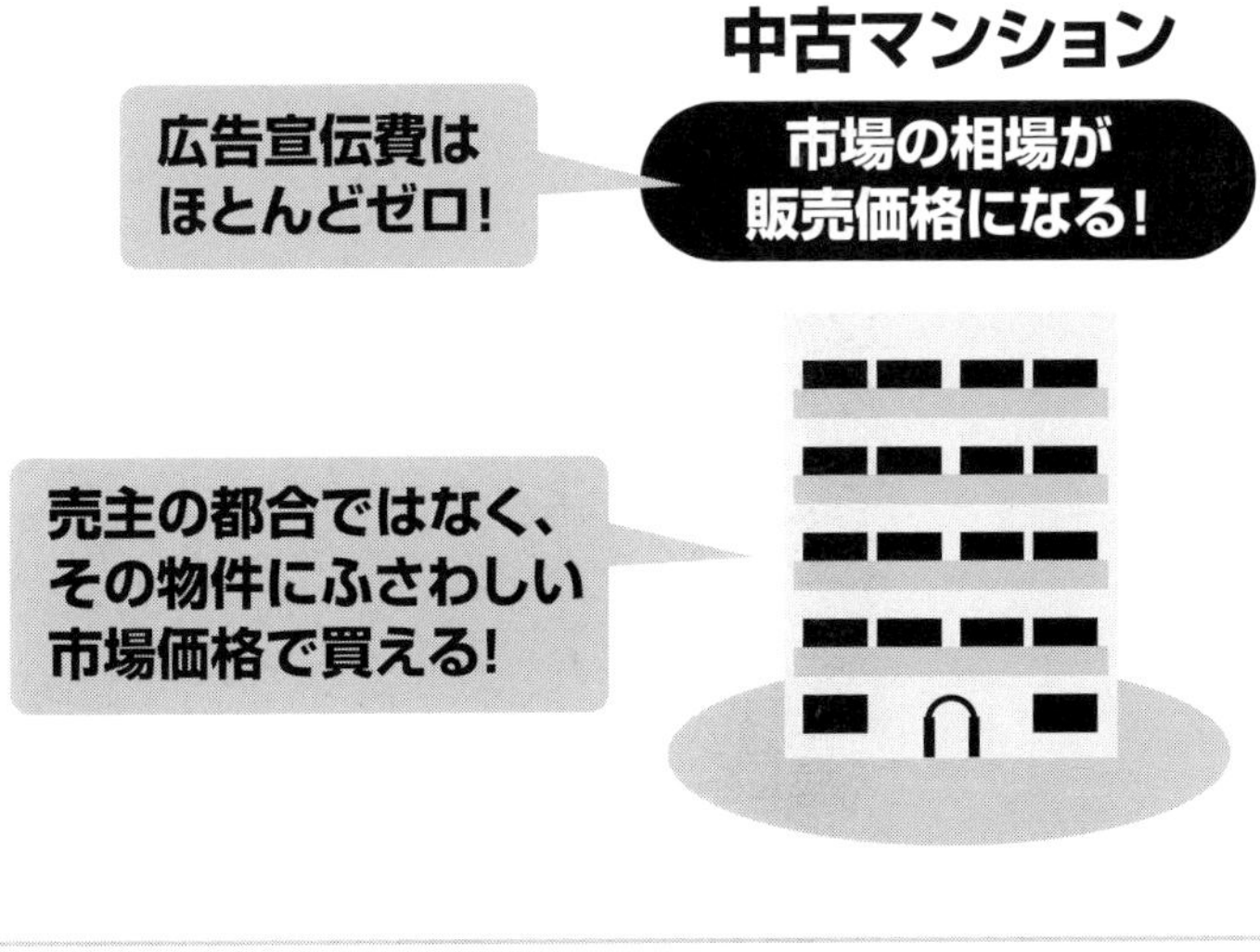

中古マンションの得する理由

販売価格が安いから資金が少なくても購入しやすい

中古の平均価格は新築の約7割～4割

前項のとおり、中古マンションの最大の魅力は、新築マンションに比べて価格が安いことです。

三大都市圏の物件を比較すると、首都圏では新築マンションの平均坪単価約３３１万円。それに対して中古マンションは約２３３万円。中古は新築の約7割の価格で購入できることになります。同様に近畿圏では約5割、中部圏では約4割となっています。

また希望の条件があっても、予算には限りがあります。そのため、価格の高い新築マンションでは、いろいろと妥協しなければいけません。その半面、価格の安い中古マンションであれば、予算内でより多くの希望をかなえることができます。さらに価格が安ければ当然、頭金もローンも少額で済みます。

相場より安く買えるチャンスもある

中古マンションでは、売主の事情によって、相場より安く買えるチャンスもあります。「できるだけ早く売りたい」物件は、新築ではあまりありませんが、中古にはあるのです。

とくに、転勤や進学などで住み替えが増える3月引渡しの物件が狙い目です。4月から次の住まいに入居したいと考える売主が、3月中に自宅を処分してしまいたいと、値引き交渉に応じてくれる可能性があるからです。

また、「修繕積立基金」や「管理準備金」「管理組合設立基金」といった、新築マンション購入時にかかる一時費用も、中古マンションでは売主がすでに支払ってしまっているのでかかりません。

Check! 中古マンションは新築マンションよりこんなに安い！

■三大都市圏の平均坪単価（2022年）

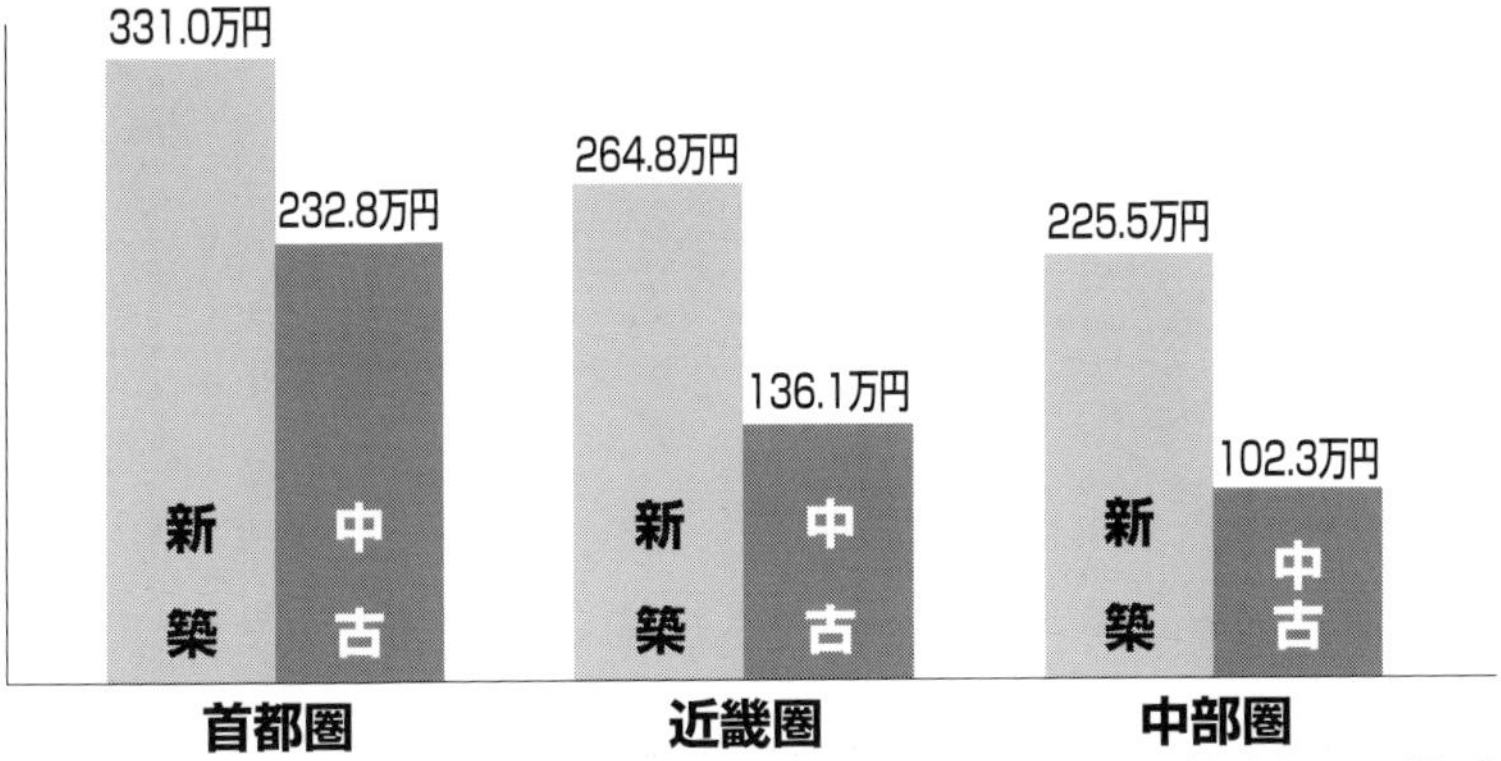

（東京カンテイ調べ）

近畿圏、中部圏では新築マンションのほぼ半額!

■中古マンション70㎡換算価格の推移

（東京カンテイ調べ）

中古マンションの
得する理由

築年に幅があるから予算に応じた物件を探しやすい

築年数が上がれば上がるほど安くなる

２０２２年、首都圏で販売された新築マンション一戸当たりの平均価格は６３４１万円（前年比６・５％増）でした。一方、中古マンションの首都圏での平均価格は４０８７万円（前年比10・０％増）（東京カンテイ調べ）。両者の価格には２２００万円以上の開きがあります。

新築マンションの平均価格が高止まりしているのは、建築コストの高騰による販売価格への価格転嫁や、都心部のような好立地での土地取得費が上昇している影響もあります。中古マンションの価格もアップしていますが、新築に比べれば、依然買いやすいのです。

また、築10年以内の物件を希望しがちですが、購入費用を抑えるなら、築年数を上げて探してみるのも選択肢の一つです。成約価格の比較では、築６～10年以内の物件に対して、築11～15年で４００万円以上、築16～20年で１２００万円以上も下がります。

築年よりもメンテナンス状況が重要

築年が古いと、住み心地や建物の寿命が心配されるかもしれません。しかし、２０１３年のデータ（国土交通省）によると、鉄筋コンクリート造（56ページ参照）のマンションの解体や建て替えが行われるのは平均68年。メンテナンスがよければ、１００年以上もつといわれています。

築年が古くても、新築よりつくりが優れている物件も少なくありません。選び方を間違えなければ、簡単なリフォームで十分な住み心地を実現できます。

Check! 築年数が上がれば買いやすく、探しやすい！

■築年数別に見た中古マンションの平均成約価格
（2022年10～12月／首都圏）

築10～20年なら4,000万～5,000万円台の物件も

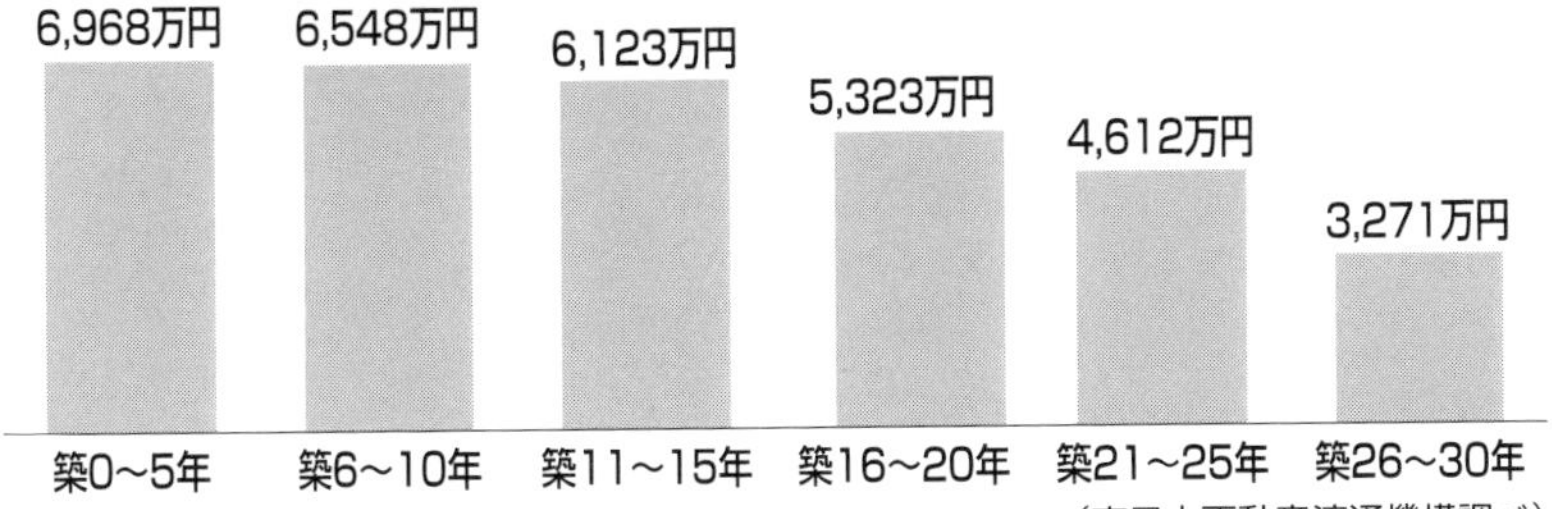

（東日本不動産流通機構調べ）

■築年数別の中古マンション（成約）の供給状況
（2022年10～12月／首都圏）

築0～5年	築6～10年	築11～15年	築16～20年	築21～25年	築26～30年	築31年～
8.4%	13.0%	12.1%	13.8%	10.8%	8.3%	33.5%

値ごろ感のある築6～10年、11～15年の物件が人気！

■価格が安くても新耐震基準以前の物件は要注意！

建築確認済証の交付日を確認（78ページ参照）

建築確認申請

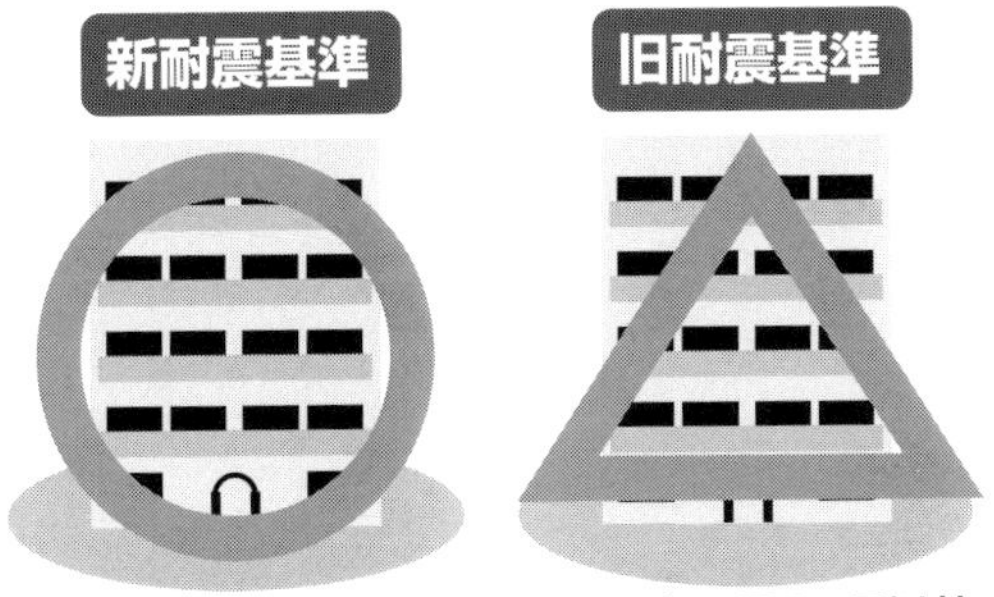

1981年6月1日以降　1981年5月31日以前

中古マンションの
得する
理由

中古マンションの購入では、消費税がかからないことが多い

売主が個人なら物件価格には課税されない

売主が個人の場合、マンション価格に消費税はかかりません。ただし、不動産会社への仲介手数料として、物件価格（４００万円超の場合）の３％＋６万円（上限）には消費税がかかります。

一方、中古マンションでも売主が不動産会社などの場合は消費税がかかり、仲介手数料については、間に不動産仲介会社が入っているかどうかによります。ただ、中古マンションの売主の多くは個人です。そのため、中古マンション購入時は消費税の観点では、売主が個人か否かを確認することで消費税ぶんの節約ができます。

なお、マンションの販売価格は「建物価格＋土地価格」からなり、消費税は建物価格だけにかかります。新築は一般的に販売価格に建物ぶんの消費税が含まれています。中古は前述のとおり売主が個人なら消費税はゼロ。つまり、販売価格が同額なら、新築は中古よりも消費税ぶん、安い物件を買っていることになります。通常、消費税よりも仲介手数料のほうが安く済むため、中古のほうが得になります。

住宅ローン減税にほとんど差はない

住宅ローン減税については、１９８１年12月31日以前に建築された物件は耐震性を証明する書類が必要になるなど、要件が厳しめですが、ほかは新築とほとんど差はありません。

また、２０２５年末までに入居する場合は、住宅ローン減税の控除額は一般住宅なら10年間で最大１４０万円となります（１６２ページ参照）。

Check! 売主が「個人」か「事業者」かで消費税がかかるかどうか決まる！

■消費税がかかる・かからない

売主が「個人」か「事業者（不動産会社等）」かによる。

- **不動産会社：課税**
- **個人：非課税**

■3つの取引態様と仲介手数料

広告等に明示されている「取引態様」で判別できる。取引態様とは、当該物件の広告を掲載している不動産会社の立場を示したもの。「媒介」「売主」「代理」の3タイプがあり、物件の購入にあたって仲介手数料の有無が異なる（44ページ参照）。

媒介（仲介） ◀ **中古マンションの売買で多いのはこれ**

広告主の不動産会社が売主と買主の間に仲介業者として入るもの。仲介業者は契約を斡旋するだけで、契約は売主と買主が直接結ぶ。

- **仲介手数料：あり**
- **消費税：売主が個人ならなし／事業者ならあり**

売主（自社物件・販売主） ◀ **近年はこのタイプも増えている**

広告主の不動産会社自体が売主であるもの。中古物件では、住宅を買い取ってリフォームし、販売する業者を指す。

- **仲介手数料：なし**
- **消費税：あり**

代理（販売代理・販売提携） ◀ **中古マンションの取引ではまれ**

売主から販売の代理権を委託された不動産会社が販売活動から契約まで行うもの。買主にとっては、実質的に「代理＝売主」となる。

- **仲介手数料：なし**
- **消費税：売主が個人ならなし／事業者ならあり**

プロからのアドバイス

個人が売主になる中古物件の売買では、売主側の不動産会社と、買主側の不動産会社が取引を取り持つことが多くなりますが、取引自体は売主と買主が直接行うことになります。

中古マンションの
得する理由

賃貸で暮らすより、老後の安心度が高い

賃貸と分譲、どっちが得？

中古マンションを購入するとなると、手数料や税金などの諸費用に数百万円はかかります。また、ローンを組めば総額で数百万～1000万円以上の利息を払わなくてはなりません。購入後にも、毎月の管理費や修繕積立金の支払いが発生します。

こうしたコストを惜しんで、「賃貸のほうが安上がり」と賃貸をすすめる人もいますが、その考えをうのみにするのは考えものです。大家が建築費用として借り入れたローンの利息は賃貸の家賃にもしっかり計上されています。修繕費についても、基本的には家賃に含まれていると考えていいでしょう。ローンの利息や管理費、修繕積立金を目に見える形で支払うか否かの違いです。

「長生きリスク」に強いのは分譲

賃貸住宅の数が世帯数を上回り、将来は高齢者でも家を借りやすくなるといわれます。しかし、いつ立ち退きなどで引っ越さなければならないかわかりません。思わぬお金も必要になる老後に、そのための費用を家賃とは別に蓄えることは至難の業です。実家が持ち家で、将来、実家に戻る人は別として終身家賃を払い続けられるでしょうか。

その点、分譲でローンを完済すれば、管理費など一定の支払いはあっても賃貸ほどではありません。万一、生活費などに困った場合でも、住みながら自宅を担保にお金を借りるといったことも可能になります。資産として残る分譲のほうが「老後の安心」を確保しやすいといえるでしょう。

Check! 賃貸マンションVS中古マンション メリット・デメリットを比較！

	賃貸マンション	中古マンション
メリット	◎家族人数や家計の状態に合わせて引っ越しできる ◎転勤などのときにもスムーズに対応できる ◎住まいのメンテナンスは大家が負担	◎老後の住まいを確保する安心感 ◎分譲物件のほうが設備などのグレードが高い ◎内装を自分の好みにアレンジできる
デメリット	◎老後の家賃を貯めておかなくてはならない ◎老後にいい物件を借りられるとは限らない ◎自由にリフォームできない	◎引越しは賃貸物件より費用も手間もかかる ◎メンテナンスのための修繕費用がかかる ◎環境の変化など、地域にマイナス要因が発生しても離れにくい!
こんな人におすすめ!	◎いずれ親の住まいを相続できる人 ◎自由に住み替えしたい人 ◎頭金を貯められない人	◎この先、転勤や引越しの必要がない人 ◎建物やインテリアにこだわりたい人 ◎月々の返済額が今の家賃を大幅に上回ることのない人

**住宅ローンの利息を割高と考えるか、
住まいが資産になるのをメリットと考えるかは、
その人の考え方しだい！**

震災による深刻な被害は築30年以上でもごくわずか

「マンションは危険」は大きな誤解

2016年に発生した熊本地震では、マンション1階部分のピロティ型（82ページ参照）がつぶれた映像が、何度も報道されました。そのため、「中古マンションは地震のときに危険では？」と思っている人も多いかもしれませんが、大きな誤解です。

1995年の阪神・淡路大震災では多くの家屋が全壊しました。当時、築13年以内の建物全体の8%が倒壊または崩壊、大破以上となったのです（平成7年 阪神・淡路大震災建築震災調査委員会調べ）。それに対し、マンションで大破したのは1・5%にとどまっています（東京カンテイ調べ）。また、2011年の東日本大震災でも、大破は0%、ほとんど損傷のない「軽微」と「被害なし」が97%超でした（高層住宅管理業協会調べ）。

82年以降の物件の被害は少ない

それでも不安な人は建築時期に注目してみましょう。マンションは71年以前、72～81年、82年以降と、建築確認の取得時期によって3つに分けられます。71年と81年は、建築基準法の改正があった年ですが、左図のとおり、最近のマンションに比べれば、70年までの基準で建築されたマンションは、被害の割合が大きかったようです。これはたんに老朽化のせいではなく、当時の耐震基準が現在より厳しくなかったことも大きく関係しているのです。

近年は耐震補強の技術も進歩しているので、きちんと対策が施されたマンションを選べば、過度に心配する必要はないのです。

Check! 阪神・淡路大震災に見るマンションの安全度チェック

■分譲マンション全体の約5割は損傷なし！

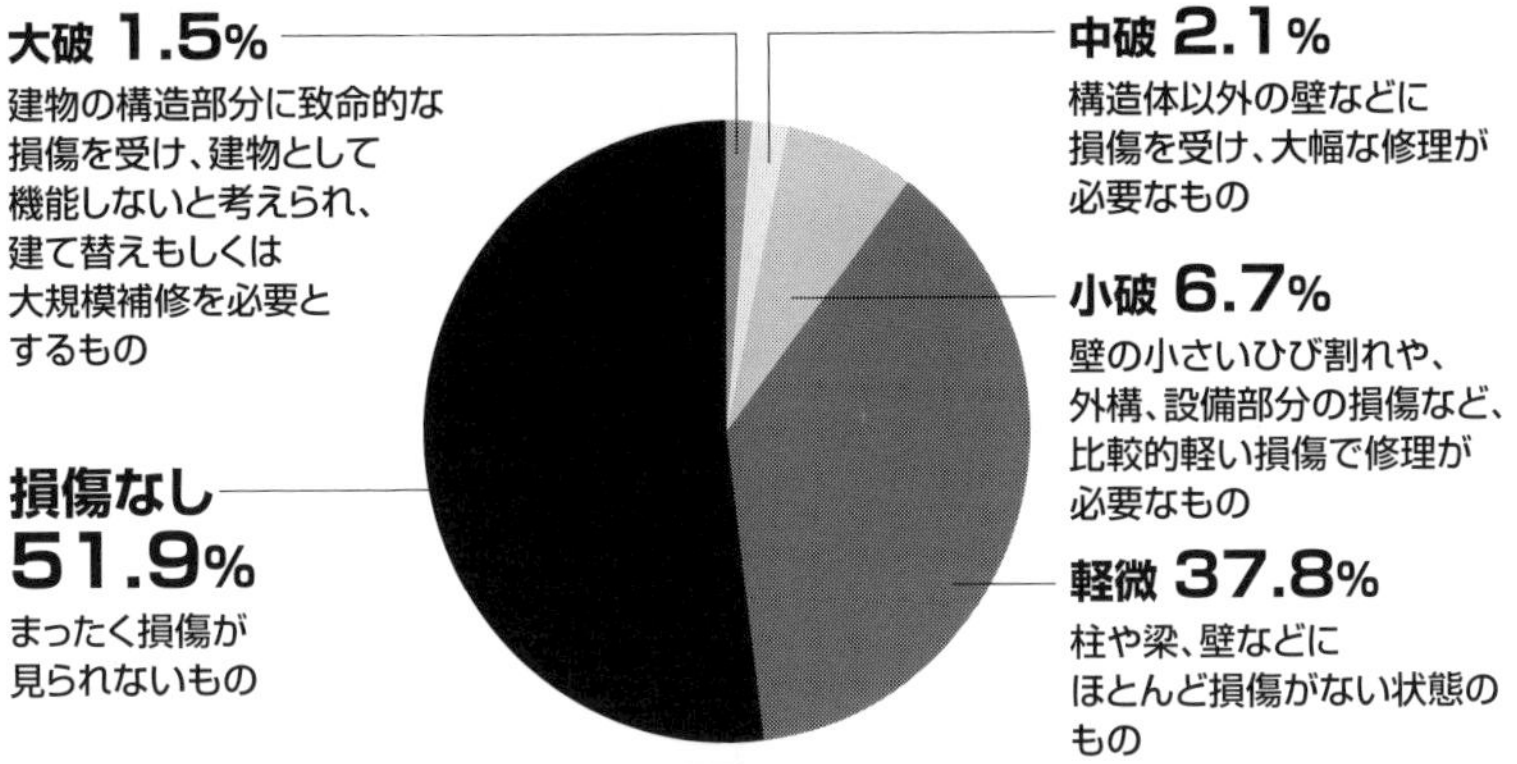

（東京カンテイ「阪神・淡路大震災による分譲マンションの被害度調査」）

■分譲年別被害状況

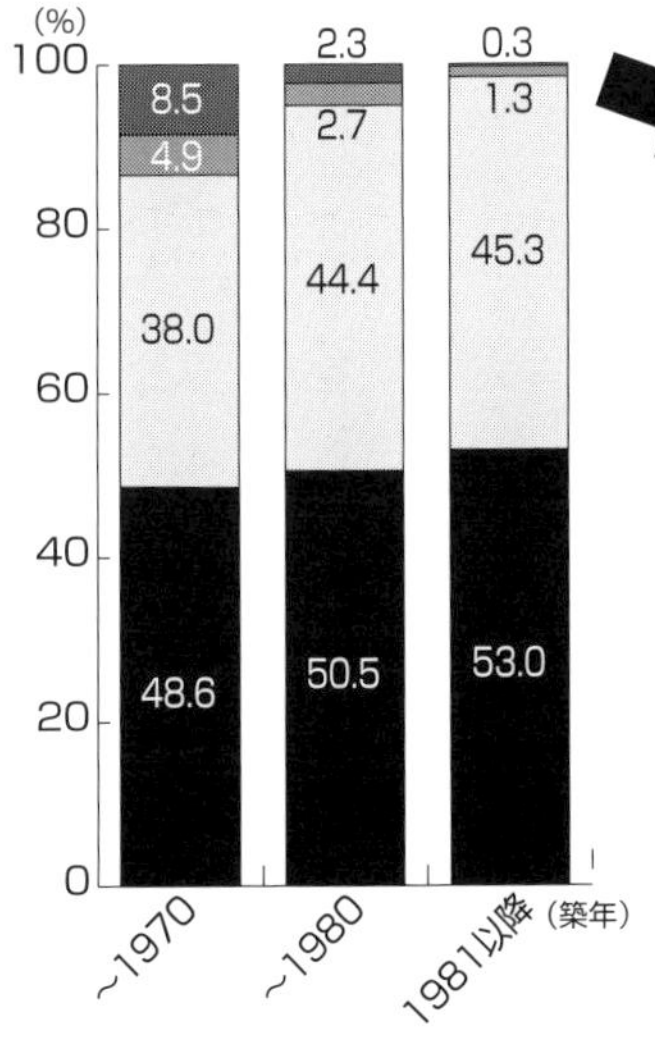

中古マンションは危険？ のウソ

◎マンション全体では**50**%以上が無被害！

◎被害にあったマンションでも、建物の構造体部分（柱や梁など）までダメージを受けたところは**少数**！

◎古いマンションのほうが被害の度合いは大きいが、当時、築**30**年以上でも無被害のマンションは多い！

中古マンション選びでは建築確認の取得時期と古い場合は耐震補強の有無をチェック！

中古マンションの得する理由

新築マンションより安全性を見抜きやすい

新築マンションの場合、買ったときは問題なくても、1〜2年で何らかの問題が発生することもあります。それに対して、中古マンションはすでに時間の経過という試練を受けています。

新築時に問題のあるマンションなら、建物に大きなひび割れがあったり、外壁のタイルがはがれたりしているため、自分の目で確認できます。また、地震のときに被害があった場合には修繕履歴で確認でき、耐震性の問題もある程度はわかります。

そのほか、通路やバルコニーなどのひび割れ、角になる部分のつなぎ目の亀裂、室内の壁の水染みなどもチェックするといいでしょう。

また、専門家に依頼した場合も、新築と違って評価・判断がしやすいため、事前の安全確認の面では中古に軍配が上がるといえるでしょう。

中古マンションは現物主義

新築マンションの場合、売れ残りのケースなどを除いて、ほとんど現物を見ることができません。たいていはモデルルームとパンフレットの情報と売主側の言葉を頼りに、購入することになります。

一方、中古マンションはすべて現物主義です。日当たりや風通しのよしあし、住居内の空間的な広がり、建物管理の状態、隣人の様子などを、事前に確認することができます。長所も短所も自分で確認して買えるのが中古マンションのメリットです。

耐震性をある程度までチェックできる

コンクリートは、一般に1年くらい経たないと安定しないといわれています。

Check! 中古マンションなら、現物を見て判断できる！

■中古マンションならではのメリット

- ●眺望、日当たり、風通し、部屋の広さがわかる
- ●外部や上階・隣室の音の聞こえ具合がわかる
- ●周囲の環境、周辺へのアクセスがわかる
- ●管理のよしあしがわかる
- ●住民の質がわかる
- ●欠陥の有無をチェックできる

CHECK POINT

- ◎外壁や通路、バルコニーのひび割れ
- ◎角になる部分のつなぎ目の亀裂
- ◎タイルのはがれや浮き
- ◎室内壁の水染み
- ◎地震時の揺れ具合
- ◎ドアとドア枠の間のゆがみ

など

■耐震性に関する主な相談先

相談先	ホームページ／住所／電話番号
日本建築士事務所協会連合会	https://www.njr.or.jp 東京都中央区八丁堀2-21-6 八丁堀NFビル6F 03-3552-1281
日本建築士会連合会	https://www.kenchikushikai.or.jp 東京都港区芝5-26-20 建築会館5F 03-3456-2061
日本建築家協会	https://www.jia.or.jp 東京都渋谷区神宮前2-3-18 JIA館 03-3408-7125（本部）
日本建築構造技術者協会	https://www.jsca.or.jp 東京都千代田区三番町24 林三番町ビル 03-3262-8498（本部）
住宅リフォーム・紛争処理支援センター	https://www.chord.or.jp 東京都千代田区九段北4-1-7 九段センタービル3F 03-3261-4567（大代表）
国土交通省住宅局建築指導課	https://www.mlit.go.jp/jutakukentiku 東京都千代田区霞が関2-1-3 中央合同庁舎3号館 03-5253-8111（代表）

住みたい場所で物件を探しやすいのも魅力

新築は一点集中、中古は広範囲に点在

新築マンションは1カ所で50戸とか100戸というように販売されるため、特定の場所に集中します。一方、中古マンションはさまざまなマンションから1戸〜数戸の物件が出るためエリア内の広範囲に点在しており、住みたい場所で物件を見つけやすいのです。つまり、エリアを限定して物件を探す場合は、中古のほうが物件に出会いやすいわけです。

実際、既存住宅（中古マンション、中古一戸建て）の購入理由の調査（複数回答可）では、約7割の人が「希望エリアの物件だったから」を挙げて第1位。続いて2位が「手ごろな価格だったから」、3位が「良質な物件だったから」であることから、自分の住みたいエリアで安くて質の高い物件と出会えていることがうかがえます。つまり、新築マンションのように買える物件があるからそこに住むのではなく、住みたい場所から物件を探せるのです。

立地条件にこだわる場合も中古がいい

マンションが建つと、それに合わせて街並みがつくられていく場合があります。中古マンションは、すでに街並みが形成された場所に建っているわけですから、その点でもメリットがあります。

また再開発地域を除けば、立地のいい場所にマンション用地を取得しにくくなっています。新築マンションはそういう状況下でつくられているわけですから、立地については妥協しなければならないことが多くなります。立地条件にこだわってマンションを探す場合も、中古のほうが探しやすいといえます。

Check! 中古のほうが新築より目当ての物件を探しやすい？

■既存住宅を購入した理由ベスト5

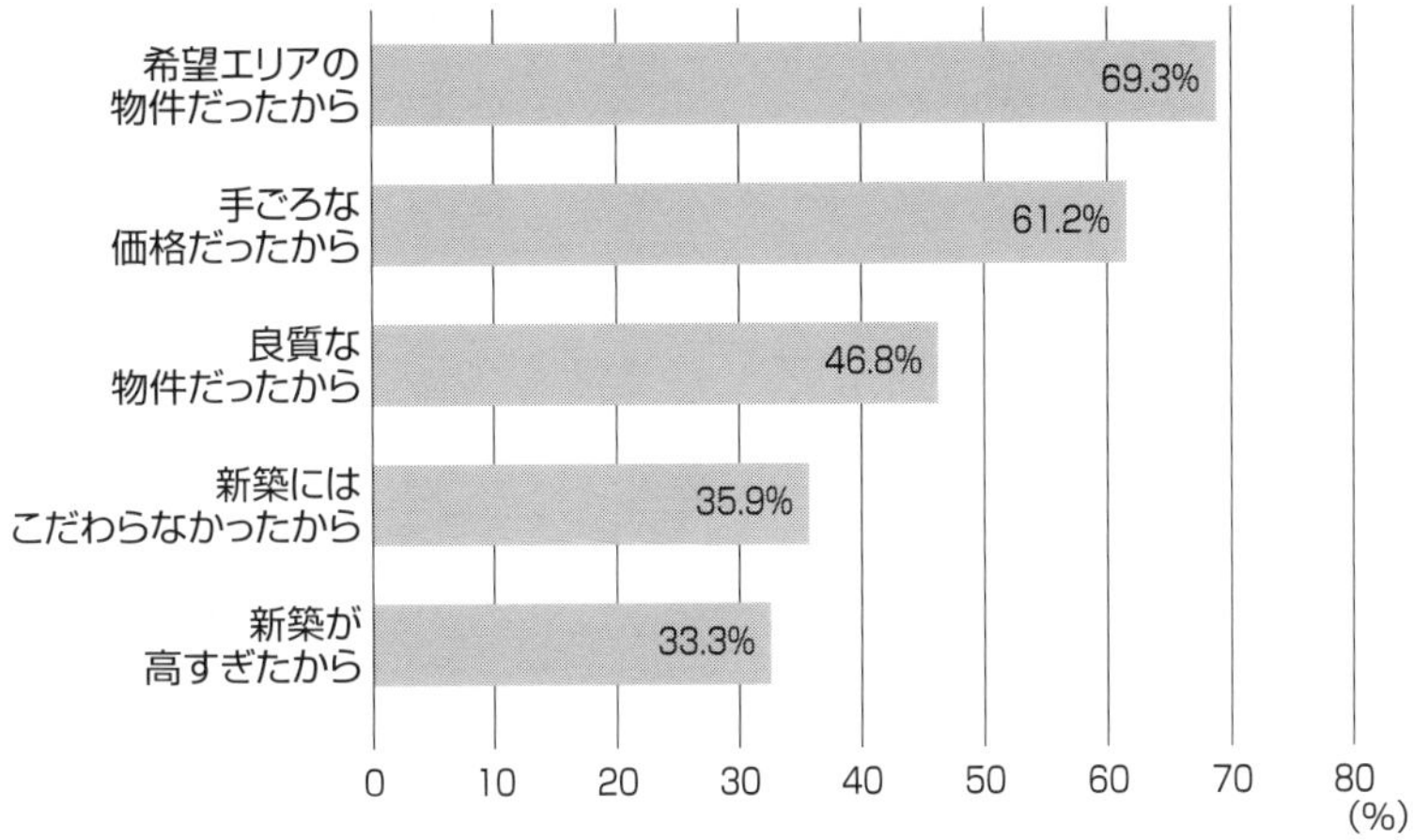

（参考：不動産流通経営協会『不動産流通業に関する消費者動向調査』2022年度）

購入理由の第１位は「希望エリア」であること！

■中古マンション「3つのメリット」

◎同じエリア内に広範囲に点在している

◎手ごろな価格で良質な物件が多い

◎すでに街並みが完成していることが多い

▼

住みたいエリアで物件を探せる！

中古マンションの得する理由

リフォームを前提に自分好みの部屋にデザインできる

低価格なぶんをリフォームに回せる

新築に比べて、安い価格で立地や広さに勝る物件を選びやすいのも中古マンションの魅力です。半面、「実際に見学してみると、ボロボロでがっかり……」という声もよく聞かれます。中古物件はどうしても間取りや設備が古いので、当然ながら新築よりも見劣りします。しかし、こうしたデメリットは「リフォーム」によって解決することができます。

価格が安いぶんをリフォームに回し、予算の範囲内で自分の思いどおりのプランの実現や設備の入れ替えを行うことができるのです。型どおりの無個性な新築マンションではなく、自分らしい空間で暮らしたい人にとって、中古マンションほど魅力的な物件はありません。

リフォーム費用の平均は約３３０万円

「令和3年度　住宅市場動向調査」（国土交通省）によると、中古マンションの購入前（1年以内）に売主がリフォームを実施しているケースは48・9％、購入後（1年以内）に買主が実施または予定しているケースは32・7％となっています。

また、中古の購入にかかわらず、マンションのリフォーム費用の平均は３２９・７万円となっています。左図（下段）はマンションと戸建てを合わせたデータですが、30年未満の物件のリフォーム費用にはそれほど差のないことがわかると思います。築30年までは部分的なリフォームで十分なのに対して、築30年を過ぎると、キッチンやバスなど大規模なリフォームが必要になるからと推察されます。

Check! 中古マンションは自由にリフォームできるところも魅力！

■リフォームの動機（複数回答）

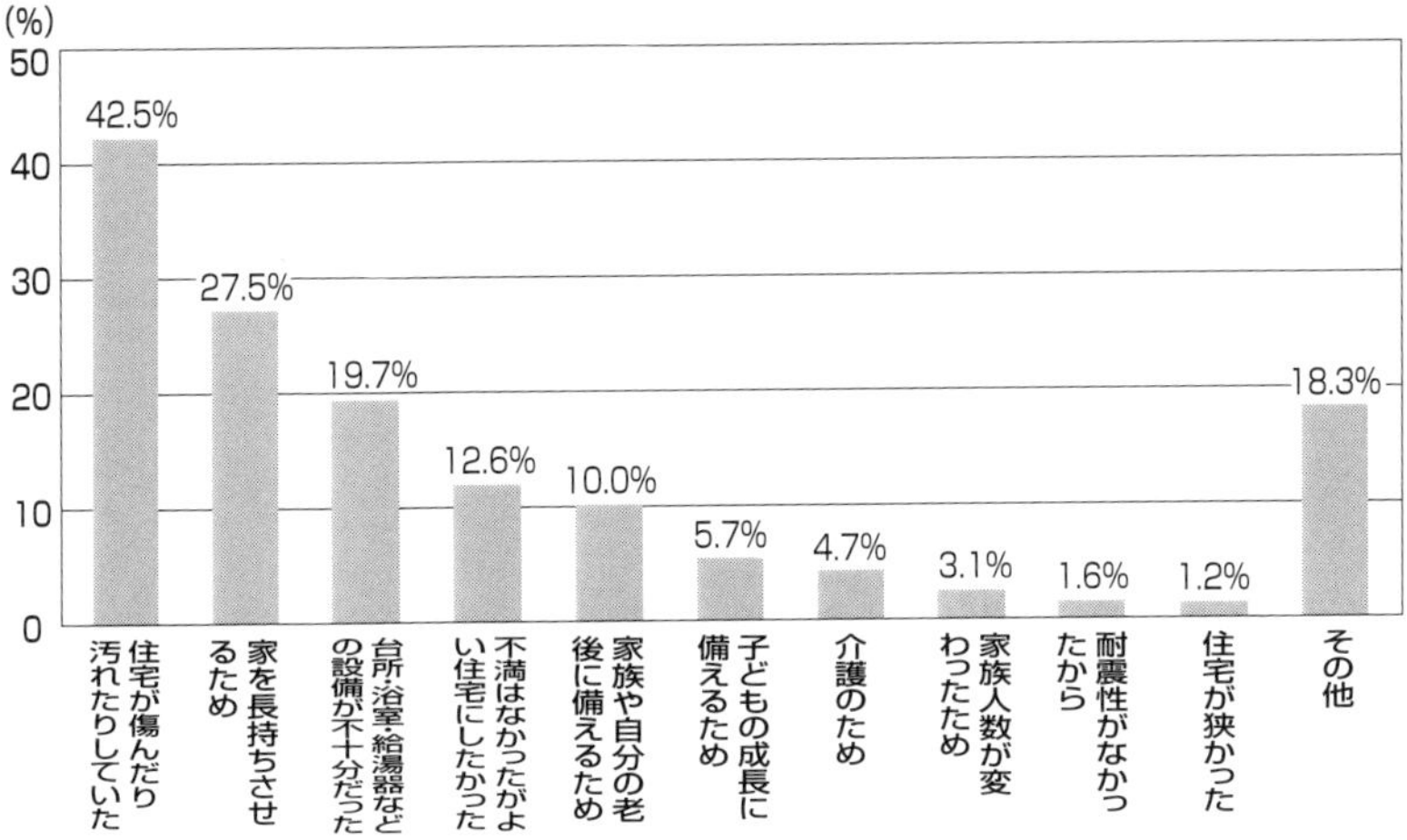

（国土交通省「令和3年度 住宅市場動向調査報告書」より作成）

■築年数別のリフォーム費用（マンション、戸建て）

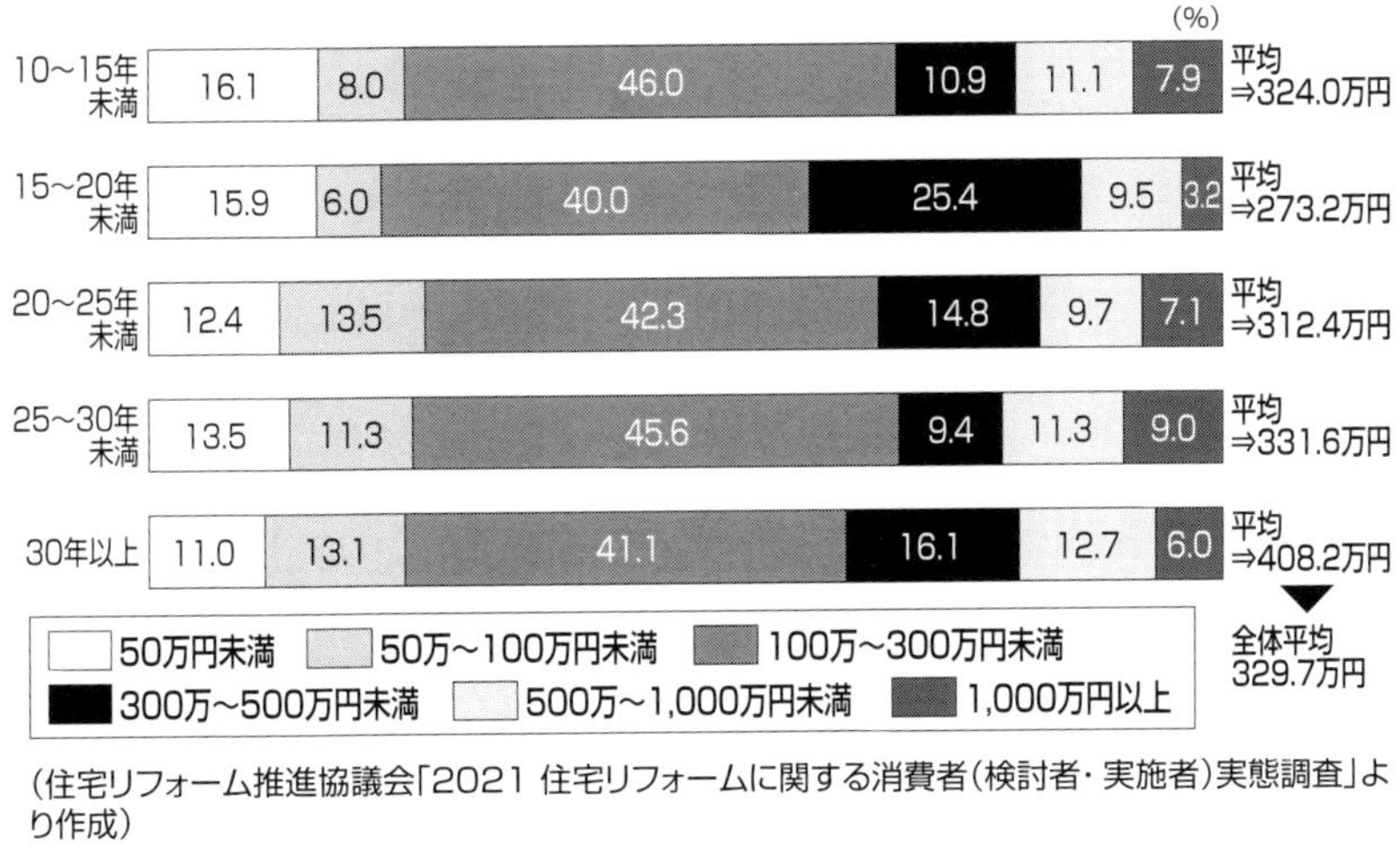

（住宅リフォーム推進協議会「2021 住宅リフォームに関する消費者（検討者・実施者）実態調査」より作成）

ファミリー層はもちろん、単身者向けの物件も見つけやすい

住宅ローン減税の緩和で選択肢が拡大

中古に限りませんが、住宅ローンは所有者自身の居住が融資条件となっています。そのため、配偶者や子どものいる人が小さいサイズのマンションを購入しようとすると、金融機関から投資目的と疑われて審査に通らないことがあります。一方、単身者は30㎡程度のワンルームマンションでも自宅用として判断されやすく、審査要件さえ満たせば、住宅ローンを組むことができます。

ただし、住宅ローン減税を受けるには、中古マンションの場合、「登記簿面積（バルコニーや玄関ポーチ、住戸を囲む壁の厚みなどを含まない面積）が50㎡以上」であることが条件になっているため、注意してください。

将来賃貸に出した場合、メリットが大きい

もし結婚して家族ができたら、買ったマンションは狭くて住めなくなるかもしれません。また、将来、親の家を相続することが決まっていて、転居する可能性の高い人もいるでしょう。

そのときの選択肢としては、売却するか賃貸に出すかの2つです。立地など条件のよい物件を購入しておけば、売りやすく貸しやすい資産価値のある不動産になります。

たとえば、賃貸に出す場合、駅近くで、利便性が高いほど賃料を高く設定しやすく、入居者も確保しやすくなります。ローン返済や管理費などを支払っても、手元にお金が残る可能性が高くなります。検討の際は、左ページを参考にしてみてください。

Check! 独身でのマンション購入は結婚や転勤時の活用法も考えて

■売却しやすい・賃貸に出しやすい物件の条件とは？

1 人気のあるエリア

都心であれば、山手線沿線やその内側、東急線などの人気沿線。地方都市でも人気の沿線など

2 駅から徒歩10分圏内

できるだけ駅に近いほうが売りやすく、貸しやすい。駅徒歩10分は大きな目安

3 広さは広すぎず、狭すぎない

専有面積は25～35㎡ぐらいが目安。狭すぎると住宅ローンが利用できないことも

4 新耐震基準を満たす物件であること

なるべく築浅が望ましい

5 買い物などが便利

近くにコンビニやスーパーなどがある

6 総戸数が多い

総戸数が少ないと、管理費や修繕積立金が高くなり、売却や賃貸のときにも足かせになる

投資の視点を持とう!

単身者の中古マンションの購入では、将来、売ったり貸したりしやすい物件を選んでおきたい。結婚や転勤などにも柔軟に対応できるようにしておこう!

プロからのアドバイス

物件価格はあくまで無理のない範囲にすることが大事です。具体的には、賃料よりも毎月の支払額が少ない範囲で購入できる物件を選ぶこと。基本的には賃料が払える価格帯なら、購入できるということになります。

中古マンションの
得する
理由

子どもの独立後などの住み替えにもおすすめ！

アクティブシニアの「都心回帰」の動き

郊外の広い一戸建てから、都心の手ごろな大きさのマンションに住み替える、アクティブシニア世代が増えています。高齢になって体力が落ちてくると一戸建ての維持管理が負担になりますし、子どもの独立後、夫婦のライフスタイルに合わせて住まいを選び直したいと考えるためのようです。

たとえば、夫婦ふたり暮らしなら広さは40〜50㎡程度、規模は60戸以上を目安に、手ごろな価格の中古マンションに人気があるようです。

一戸建てでは外壁などの外回りや設備の補修に費用がかかったり、郊外生活では車の維持費も馬鹿になりません。その点、都心の手ごろなマンションなら管理費等がかかりますが、交通費などを削減できるほか、病院なども探しやすく、老後の不安を減らすことができます。

賃貸にも出せる資産価値が魅力！

またシニア世代の中には、将来、相続後に子どもが賃貸に出してもいいように、資産にもなる都心のマンションを買って住むというケースもあります。

若い夫婦でも、不動産投資として、20〜30㎡程度の狭い中古マンションを購入して、賃貸しているケースも増えています。年収が上がってくれば、住宅ローンの返済をしながら不動産投資用のローンを組める場合もあるからです。

賃貸に出すことは考えず、いずれ住宅を買い替えることを視野に入れるなら、購入後に売却するまでの流れを知っておくことも大事になるでしょう。

Check! 住み替えには通常2カ月以上必要 売却までの流れを知っておこう！

■売却までの主な流れ（売り先行の場合）

STEP 1　売却価格の査定・確定

不動産会社任せにせずに、売主自身で相場を調べることも大事（70ページ参照）

STEP 2　不動産会社と媒介契約

媒介契約の形には3種類あるので知っておこう（70ページ参照）

STEP 3　広告宣伝・購入希望者の内見への対応など

売れる広告や販売活動をしてくれる不動産会社かを判断！

STEP 4　購入者と売買契約・手付金を受領

契約前に引渡し時期など、条件をきちんと決めておくことが重要！

STEP 5　物件の引渡し・精算

買主から売買代金の残金を受領し、税金などを精算。鍵の引渡し、所有権の移転などを同日に行う

STEP 6　新居への引越し

売却と新居購入に、できるだけタイムラグをつくらないのがポイント（72ページ参照）

プロからのアドバイス

住み替えには、売却を優先するか、購入を優先するかなどによって、主に「売り先行」「買い先行」のパターンがあります。詳しくは72ページを参照してください。

中古マンションの
得する理由

中古を安心して購入できるように国の制度がバックアップ

以前からの2つの購入者向け認定制度

国は住宅を安心して購入できる、いくつかの制度を設けています。「住宅性能表示制度」は、不動産会社とは別の第三者機関が、住宅の耐久性や耐震性、シックハウス対策など、法律で定められた基準に沿ってチェックしてくれる制度です。

その結果は、「住宅性能評価書」にまとめられて、購入者に交付されます。ただし、この書類があればすべての性能がよいというわけではありません。客観的な基準で1～3の等級に分けられるので、複数の物件を比較する目安にはなるかもしれません。

さらに「長期優良住宅」という認定制度もありますが、売主が取得するのに時間とコストがかかることもあり、今のところ中古住宅には多くありません。

中古住宅に特化した「安心R住宅」

2018年4月に始まった「安心R住宅」は、これまで中古住宅にあった「不安」「汚い」「わからない」（物件情報が少ない）といったマイナスイメージを払拭し、中古住宅の流通を促すために国が設けた、事業者団体向けの登録制度です。

安心R住宅の認定を受けて売り出されている物件は「耐震性を有している」「インスペクション（建物状況調査等／112ページ参照）によって構造上の問題や雨漏りがないと診断されている」「リフォーム済み、または予定である」など、ある程度、国からお墨付きをもらった物件と考えていいでしょう。

近年のさまざまな試みによって、品質の高い中古マンションがより選びやすくなっているのです。

Check! 安心して中古を購入できる「安心R住宅」とは？

■「安心R住宅」に認定されるための要件

従来のイメージ	要件
不安	◎現行の建築基準法の耐震基準に適合すること ◎管理規約および長期修繕計画を有するとともに、住宅購入者の求めに応じて情報を開示すること（管理組合の承諾が必要） ◎インスペクション（住宅診断）を実施し、構造上の不具合および雨漏りが認められないこと ◎既存住宅売買瑕疵保険契約を締結するための検査基準に適合していること
汚い	◎事業者団体ごとにリフォームの基準を定め、基準に合致したリフォームを実施していること ◎リフォームを実施していない場合は、リフォームに関する提案書（参考価格など）を付すこと ◎外装、主たる内装、台所、浴室、トイレ、洗面設備の現況の写真等を閲覧できるようにすること
わからない	◎下記※について情報収集を行い、広告をするときに書面を作成･交付すること ※建築時の適法性、住宅性能評価に関する情報、フラット35適合証明書、維持管理計画、点検･診断の記録、リフォーム工事･改修に関する書類、修繕積立金の積立状況に関する書類、など

安心R住宅　一般社団法人 ○○○○協会

※「公益社団法人」の場合も

・広告に左の標章（マーク）があれば、安心R住宅。マークだけで、登録団体の名称が併記されていない場合は虚偽なので注意。

・広告に表示されている仲介業者が「安心Ｒ住宅」の標章に併記されている安心R住宅推進団（https://www.mlit.go.jpから該当ページへ）から標章の使用許諾を受けているか、念のため、各団体のホームページなどで確認を。

COLUMN

「定期借地権付きマンション」って何?

「定期借地権付き」というと一戸建てを思い浮かべる人が多いかもしれませんが、定期借地権付きマンションもあります。

そもそも、定期借地権付き物件とは、一定期間だけ土地を借り、その土地の上に建てられた建物を購入する形態の物件です。簡単にいえば、土地部分は「賃貸」で、建物部分は「購入」する形になります。そのため、価格は、所有権付きマンションの約6〜7割となることが多いようです。また、建物部分については一般的なマンションとまったく同じなので、専有部分のリフォームも自由に行うことができます。

ただし、借地期間に定めがあり、借地期限の到来時には、建物を解体し更地にして、土地を地主に返還する必要があります。一般的に借地期間は50〜55年程度の物件が多くなっています。

購入時に借地契約を結ぶ必要がありますが、個人の買主が直接地主と借地契約を結ぶことはまれです。通常、はじめにデベロッパーが地主と借地権契約を結び、その土地に自分たちのマンションを建てて分譲。購入者は、地主とデベロッパーの借地権契約を引き継ぐような形で土地については借地人となって入居します。

転売には地主の承諾が必要ですが、事前に転売されることを前提にデベロッパーと地主で契約しているため、ふつう定期借地権付きマンションで地主が転売に反対することはありません。

また、定期借地権付きマンションは借地であるため、固定資産税等が不要になる一方、地代が発生します。加えて「定期」であるため、永続的に住み続けることはできません。そのため、借地期間が短くなると売却が難しくなる、子に資産を引き継ぐなど相続対策としては不向き、といった注意点があります。

新聞の折り込みチラシなどで、はっとするような価格のマンションを見つけた場合は、「定期借地権付きマンション」と記されていないか注意しましょう。

第2章

買い方の基本をおさえよう！

中古マンションの見つけ方

中古マンションはこうして売り出される

ライフスタイルの変化が理由なら安心

中古マンションが売り出される理由の多くは、「子どもが成長して手狭になった」「転勤することになった」「介護のため帰郷して実家で暮らすことになった」「相続による財産整理」といった、ライフスタイルの変化に関するものです。

こうした理由で売りに出されたマンションなら、とくに問題はありません。多少、内装などに傷みがあったとしても、それはリフォームで解消できる問題です。

ウラ事情があるかに注意！

気をつけなくてはならないのは、隠された本当の理由がある場合です。「同じマンション内の人とトラブルがあった」「騒音がひどい」「ローンが払いきれなくなった（修繕積立金も未払いの可能性がある）」「すぐ隣の空き地に別のマンションの建築計画が持ち上がっている」「欠陥建築だった」……こうした問題点を抱えている物件を買ってしまうと、後々、自分にもトラブルが降りかかってくる可能性が高まります。

重要な問題点（自殺があったなど）は、仲介会社が「重要事項説明書」（２０４ページ参照）で説明しなければなりませんが、すべてを把握しきれない場合もあります。グレーゾーンのマイナス情報であれば、仲介会社側に積極的にふれたくない心理が働くこともありますが、質問すればウソはつけません。売主や管理人、管理会社に直接聞くなどして、問題点がないかリサーチしたいところです。

Check! 売り出し物件の問題点を見抜くチェックポイント

チェックポイント	ここをチェック!
物件の権利関係や金銭面でのトラブルは?	◎権利関係は重要なので、登記簿などは自分自身の目で確認 ◎修繕積立金の未払いがないか、重要事項説明書をしっかり確認 ◎大規模修繕の計画・進捗状況、追加費用の有無などもチェック
マンション内にトラブルは?	◎両隣はもちろん、上下にどんな人が住んでいるか売主や管理人にリサーチ ◎管理会社や管理人に、騒音その他のトラブルがないかリサーチ ◎共用部分の管理状況（清掃状況、居住者のマナー）を目で確認
マンション周囲の環境は?	◎マンション前に大きな空き地があれば、利用計画などを確認 ◎将来の道路計画、ハザードマップ（緊急避難地図）などを役所でチェック ◎周囲の騒音や交通、治安などの状況を、時間や日を変えて確認
欠陥マンションの可能性は?	◎設計会社、施工業者の名前を確認 ◎ひび割れ、設備の状況など時間を惜しまずチェック ◎できればプロの建築士に同行してもらい、物件の施工状況や図面を確認してもらう

プロからのアドバイス

設計・施工については、「住宅性能表示制度」（38ページ参照）を適用した物件の場合、安心感がさらにアップします。

中古マンションの売買のしくみと流れを知ろう

購入の窓口は仲介会社（不動産会社）

新築マンションを買う場合、直接、販売業者（売主）に購入を申し込みます。

一方、中古マンションの売主は、多くの場合はそこに住んでいる個人です。

とはいえ、個人対個人で売買交渉を行う必要はありません。仲介会社（不動産会社）を介して、売買交渉や購入手続きを行います。物件広告の隅に「媒介」の文字がある場合はこのパターンです。そして、売買契約が成立し決済・引渡しが完了したら、窓口となってくれた業者に仲介手数料を払います。

自社物件にもメリットはあるが……

個人ではなく不動産会社が売主となっている中古マンションもあります。これらは、不動産会社自体が賃貸用に所有していたり、個人から買い取ったりしたもの。こうした自社物件を売主の業者から直接購入すれば、仲介手数料は不要になります。

しかし、「仲介手数料不要」＝「お買い得」とは限りません。不動産会社が売主の場合には相応の利益が上乗せされています。とくに個人から買い取った物件には「リフォーム代＋利益」が価格に含まれています。価格と物件内容のバランスの見極めが大事です。

一方で、不動産会社が自ら売る物件なら、一定の品質は保証されていると考えることもできます。物件の引渡しから2年以上の期間、契約不適合責任（１１４ページ参照）を負うことが義務づけられているからです。個人が売主の場合は任意責任となり、2～6カ月が一般的です。

Check! 中古マンションの売買のしくみはこうなっている！

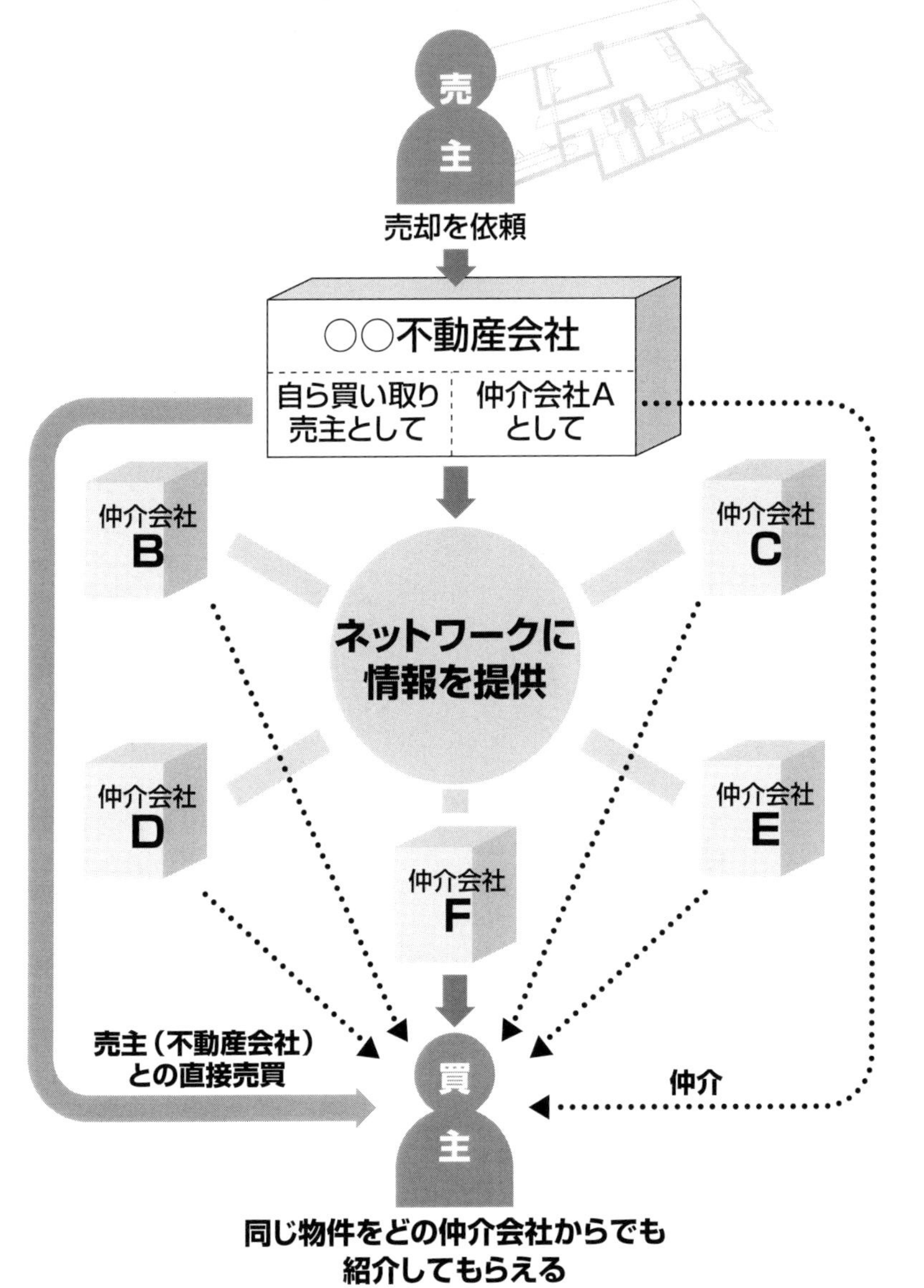

中古マンションの見つけ方

中古マンションの購入に必要な資金はどれくらい？

物件価格以外にも諸費用が1割程度必要！

中古マンションを購入する場合、物件そのものの購入代金のほかに、さまざまな費用がかかります。

まず、不動産会社が仲介した場合は、物件価格が４００万円超なら仲介手数料が「物件価格の３％＋６万円（＋消費税）」（法定上限）かかります。５０００万円のマンションなら、「５０００万円×３％＋６万円（＋消費税）」＝１７１・６万円かかります。

さらに、ローンの手数料や火災保険、団体信用生命保険（団信）加入などの諸手続き費用で数十万円。ローンを組まなくても、登記にかかる費用、購入後支払う不動産取得税などにも数十万円かかります。また入居時の引越し費用や、家具や家電、カーペットなどの新調費用が必要な場合もあります。

中古マンションを買うにあたっては、頭金のほかに、諸経費として物件価格の１割程度は目安として確保しておきたいところです。

リフォーム費用も住宅ローンの対象に

従来、リフォーム費用は物件の購入費用とは別に用意するのが一般的でした。しかし、近年はリフォーム費用を住宅ローンとまとめて借りることができる金融商品も登場しています。物件の購入と同時にリフォームすることを検討しているなら、金融機関に相談してみましょう。

ただし、リフォーム工事が可能なのは引渡し後（つまりローン支払い開始後）です。工事期間中の仮住まいの家賃も見積もっておきましょう。

Check! 中古マンションの売買にかかる諸費用はこうなっている！

■中古マンションの購入時にかかる主な諸費用（物件価格の10％程度）

	種類	内容
中古マンションを取得したとき	印紙税	売買契約書にかかる税金。
	登録免許税	所有権移転登記（土地や建物が自分のものであることを登録する）のときにかかる税金。
	登記手数料（司法書士への報酬込み）	所有権移転登記手続きを司法書士に頼むときに払う。
	不動産取得税	築年数などにより軽減措置あり（要手続き）。
	仲介手数料（物件価格が400万円超の場合）	「物件価格×3％＋6万円（＋消費税）」が上限。不動産業者を仲介して買ったときに必要。
	修繕積立金など	管理費や固定資産税を日割りで払うほか、未払いの修繕積立金などがあれば精算が必要なことも。
ローンを借りたとき	事務手数料	公的ローンや民間ローンを借りるときに必要。金額は借入先によって異なる。
	印紙税	ローン契約書にかかる税金。
	登録免許税	ローンの抵当権設定登記にかかる税金。
	登記手数料（司法書士への報酬込み）	ローンの抵当権設定登記手続きを司法書士に頼むときに払う。
	ローン保証料（不要のローンもあり）	ローンの支払いを保証してもらうため、保証会社に払う。
	団体信用生命保険料	ローン契約者に万一のことがあったとき、ローンの返済が免除される保険のための保険料。
	火災保険料	加入しなくてはならないことが多い。

※このほか物件の取得時に固定資産税・都市計画税の精算が必要です。フラット35では、売買契約書貼付の印紙代、適合証明検査費用などの諸費用も融資対象になっています。

■そのほか、見積もっておきたい費用

	種類	内容
入居時に必要な費用	引越し代	新居で使用できない家具・電化製品の処分費も。
	部屋の仕様に合わせた家具・電化製品代	カーテン、カーペットなどもお忘れなく。
リフォーム時に必要な費用	リフォーム代	購入代金とは別途用意。
	仮住まい代	リフォーム中の仮住まいの家賃。

自己資金はいくら用意すれば住宅ローンが組めるの？

頭金なしでもローンは組める

「頭金」とは、自己資金（不動産購入に際して自分で用意できる現金）のうち、物件価格に充てられる部分のことを指します。自己資金は頭金と同義で使われている場合もありますが、厳密には「頭金＋諸費用」ぶんの資金を指します。

以前は、物件価格の8割までしか融資が下りないのがふつうだったため、「最低でも頭金用に物件価格の2割、諸費用（登記費用、融資手数料、仲介手数料、引越し代など）に1割、計3割の自己資金が必要」といわれていました。

しかし、近年では頭金や諸費用がなくても返済能力があると判断されれば、物件価格の１００％以上融資を受けられる住宅ローンが登場しています。

頭金で金利に差がつくことも

頭金や諸費用がない場合のデメリットは、借入額が大きくなり、毎月の返済額も増え、さらに余計に利息を支払うことになることです。ある程度の自己資金を貯めてから買うのか、それとも目いっぱい融資を受けて買うのかは、毎月の返済額などに無理がないかどうかで判断しましょう。

頭金などを貯めている間に金利が1％上がった場合の負担額の違いも参考にしてみてください（１７７ページ参照）。

注意したいのは、頭金が購入価格に占める割合が金利に影響する点です。たとえば、フラット35でローンを申し込む場合、頭金が物件価格の10％超あるか、10％以下かによって金利が異なります。

Check! 頭金なしでも必要になるお金は、諸費用と手付金

■自己資金とは？

自己資金 ＝ 頭金 ＋ 諸費用

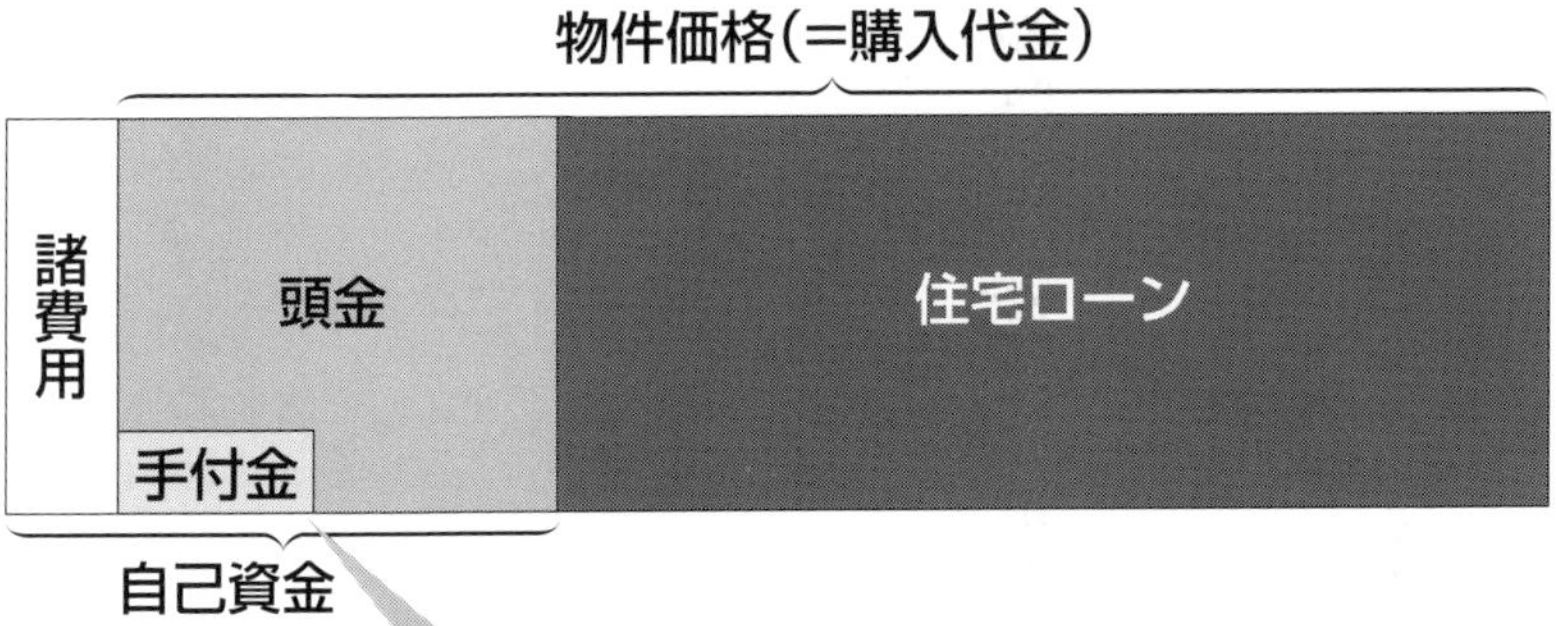

「手付金」は売買契約時に証拠として支払うお金で、最終的には頭金の一部になる。また、「申込証拠金」は中古マンション購入ではほとんどの場合不要（202ページ参照）

プロからのアドバイス

住宅ローンの借入資格についてよくある質問

Q1　転職して1年も経ちませんが、住宅ローンを組めますか？
同業種の転職で、収入が下がらなければ組めることが多い。異業種でも勤務先の会社の規模などによって、認められるケースもあります。

Q2　派遣社員ですが、住宅ローンを組めますか？
たしかに正社員より不利になることは否めません。ただ、借りられたケースもありますので、複数の金融機関にあたってみてください。

Q3　自営業者ですが、住宅ローンは組めますか？
サラリーマンと異なり額面ではなく所得で判断されますので、断られることもありますが、やはりケースによります。ローンを組むつもりであれば、極端な節税に走らず、決算書を黒字にしておく必要があります。

Q4　ほかにローンの借入れがありますが、問題になりますか？
ローンは合算して計算されるため、希望額が借りられないことがあります。カードを所有しているだけで、その限度額ぶんを借りているものと見なす金融機関もあります。不要なカードは解約しておきましょう（159ページ参照）。

中古マンションの見つけ方

中古マンションの情報はこうして見つけよう

検索ポータルサイトでエリアを絞る

中古マンション探しの第一段階は、不動産検索ポータルサイト（111ページ参照）を調べてみることです。物件情報が豊富に載っているので、エリアごとの相場を知るのに最適です。とくに遠隔地の物件の購入を希望する場合は、ポータルサイトを調べて相場感をつかむことがポイントです。

また、特定のマンションデベロッパーが販売した物件を希望する場合は、その会社もしくはその関連会社で、自社の中古物件を紹介していることもあります。デベロッパー名で検索してみましょう。

すでに購入を希望する地域に住んでいるのなら、新聞の折り込みチラシなども有力な情報源。近隣の中古物件情報が豊富に織り込まれているはずです。

エリアを絞って仲介会社に問い合わせを

ただし、インターネットや情報誌にも弱い面があります。その一つは、本当によい条件の物件は情報が公開される前に、直接仲介会社を訪れている顧客に紹介されてしまうことです。インターネットなどへの情報のアップはふつう毎日行われているわけではないため、どうしてもタイムラグがあります。公開されたころには、すでに買手がついてしまっていることもめずらしくありません。

本当によい物件を見つけたいのなら、希望エリアで営業している仲介会社に問い合わせるのがいちばんです。希望する地域の物件情報が豊富ですし、学区や開発計画といった現地情報に詳しいという強みもあります。ぜひ相談してみましょう。

Check! インターネットや住宅情報誌と仲介会社の情報の違いはここ！

■インターネットや住宅情報誌のメリット・デメリット

メリット

◎広い地域の物件情報を検索できる

▶エリアの絞り込みや遠隔地の情報収集に便利！

◎多くの物件情報にふれることで、相場感をつかみやすい

▶高望みすることなく、身の丈に合った物件探しができる。

◎好きな時間に、マイペースで物件を探せる

▶自分のニーズをじっくり見極めることができる。

デメリット

◎情報の掲載までにタイムラグがある

▶いい物件ほど、掲載前に商談が進んでしまっている。

◎そのエリアの物件がすべて出ているわけではない

▶店頭では紹介していてもインターネットに載せていないことも。

◎内装の状況はもちろん間取りや住所すらわからないことも

▶本当に我が家のニーズに合う物件かどうかわからない。

最終決定には、現地チェックが不可欠！
パートナーとなる仲介会社選びが重要！

■希望エリアの仲介会社のメリット

◎情報登録しておくと、希望に合った物件情報を紹介してもらえる。

◎売主から直接依頼を受けた物件に、買主の希望条件に合う物件があった場合、情報を一般公開する前に教えてもらえる。

◎たとえば、売り出し中の物件の別の住戸を扱った経験があるなど、エリア内の物件について詳しい情報を持っている。

中古マンションの見つけ方

信頼できる仲介会社はどこで見分ける？

「有名」＝「よい業者」とは限らない

希望エリアで仲介会社を探すといっても、数も多く、どこに相談するか迷う人も多いことでしょう。

ある程度、広いエリアで中古マンションを探したい場合は、広域でチェーン展開している大手のほうが何かと便利です。一方、「この駅周辺で！」と範囲が絞り込めているならば、地元密着型の中小規模の仲介会社のほうが豊富に物件情報を持っていることも少なくありません。「大手がベスト」という先入観は捨てましょう。

規模を問わず、なかには、強引な営業手法でトラブルを起こしているところもあります。一定の水準をクリアしているかどうかは、左図のように免許番号や業者名簿の閲覧で確認できます。

こんな担当者なら安心できる

物件探しを依頼すると、現地案内や諸手続きをしてくれる担当者がつきます。とくに中古マンションでは、どんな担当者がつくかが重要です。

たとえば、希望に合った物件を探し出すのにも、センスが問われます。また、住宅ローンについても、商品知識や各金融機関の審査ポイントにくわしい担当者であれば、的確なアドバイスをもらえるはずです。売買価格や引渡し日など売主との調整・交渉も、担当者の腕にかかっています。

売ること優先で、こちらの質問をはぐらかしたり、契約を急がせたりする場合は担当者を代えてもらうか、別の仲介会社をあたり直しましょう。住まいの購入は大きな決断です。あわてる必要はありません。

Check! 免許番号や業者名簿で仲介会社の信頼度をチェック！

STEP 1

宅地建物取引業の免許を受けているか？

その業者の店舗看板やチラシに載っている宅地建物取引業の免許番号を確認。

◎免許の種類
都道府県知事免許もしくは国土交通大臣免許の2種類がある。信頼性は同じ。

◎免許の更新回数
5年に1度（1996年度より前は3年ごと）の更新のたび、数字が1つ増える。
数が大きいほど長く営業している証拠。

◎会社名

◎免許番号

〇〇不動産
株式会社

東京都知事（4）第〇〇〇号
（社）不動産協会会員
（社）首都圏不動産公正取引協議会加盟
東京都渋谷区〇-〇-〇

STEP 2

業者名簿にトラブルの履歴はないか？

都道府県の宅地建物取引業の担当課で、業者名簿を閲覧（無料）。「業者の経歴」「営業実績」「資産状況」「過去の行政処分歴」を見て、トラブルの有無をチェック。

STEP 3

業者団体に加盟しているか？

業者団体では、新規加入業者の資格審査や研修会、苦情処理の相談業務などを行っている。そのため、業界団体に加盟しているかも一つの判断基準になる。加盟している場合、広告や看板の不動産会社名の近くに加盟団体を記載している。

STEP 4

担当者は信頼できるか？

◎「不動産」「住宅ローン」の知識は？
◎「物件のデメリット」も誠実に話してくれるか？
◎売主との「交渉力」はありそうか？
◎契約を急がせないか？
◎質問に対して的外れな答えが多くないか？

プロからのアドバイス

大手ブランドの看板を掲げていても、地元の仲介会社がフランチャイズ加盟して営業していることもあります。

看板だけでよしあしを判断するのは禁物です。

中古マンションの見つけ方

中古マンションの広告の見方を知ろう！①

細かい文字ほど読み込むのが鉄則！

新築・中古にかかわらず、物件探しは不動産広告から始まります。広告を見るときは、「マイナス面がないか見極めること」がポイント。広告はプラス面を大きく前面に打ち出してくるものです。だからこそ、小さな文字で書いた部分を読み込むことが大切になってきます。

たとえば、中古マンションの広告で見かける、「既存不適格」という小さな文字。これは、現在の建築基準に合わなくなっているため将来の建て替えが難しいことを意味しています。一概に「建て替え不可だからダメな物件」とはいえませんが、知らないのと知っているのとでは大違いです。

また、プラス面だけに注目していると、いざ物件を見学しても、マイナス面に目が向かないことがあります。大切なのは、それが自分にとって「許容範囲か」「修繕可能か」をチェックし、的確な購入判断をすることです。そのためにも、事前にマイナス面を知っておくことが必要なのです。

オトリ広告に注意！

不動産広告は、その物件を扱う仲介会社の姿勢や信頼度を測るモノサシでもあります。

良心的な不動産会社の広告は具体的な情報が多く、物件ごとの情報に差が少ないもの。反対に、価格が相場より極端に安い「オトリ広告」で客をおびき寄せ、「その物件は売れてしまいましたが、別のいい物件がありますよ」と言葉巧みにほかの物件を紹介する仲介会社とは、付き合わないほうが無難です。

Check! 小さな文字で書かれたマイナス面に要注意！

■中古マンション広告の見方

中古マンション
①……○○マンション3,480万円（税込み）……②

★南東角室、月8万円の返済でOK！……③
★令和3年1月内装リフォーム済み

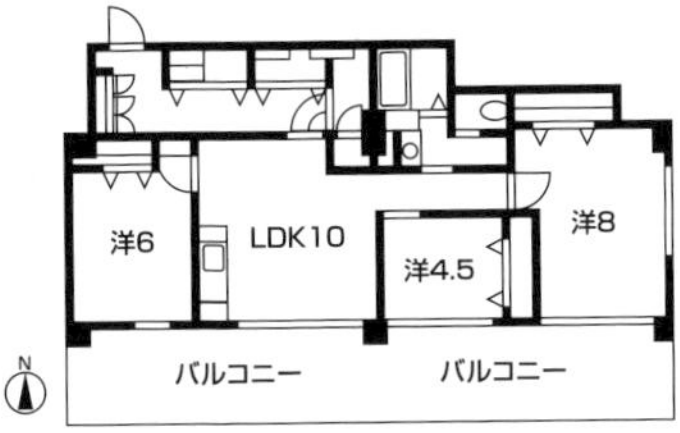

○○不動産株式会社
東京都知事（4）第○○○号
（社）不動産協会会員
（社）首都圏不動産公正取引協議会加盟
東京都渋谷区○-○-○……⑰

■所在：練馬区関町北3……④
■交通：西武新宿線
「武蔵関」駅徒歩12分……⑤
■専有面積：62.16m²……⑥
■バルコニー面積：25.2m²
■間取り：3LDK……⑦
■築年月：2005年5月築……⑧
■階／階建：3階／10階
■構造／総戸数：RC／72戸……⑨
■敷地権利：所有権……⑩
■用途地域／近隣商業……⑪
■駐車場：有り
■管理：日勤……⑫
■管理費等：1万5,100円／月……⑬
■修繕積立金：1万3,800円／月
■現況：空室……⑭
■引渡期日：即入居可……⑮
■取引態様／媒介……⑯
担当／河出

〈チェックポイント〉

①物件名／物件名から分譲会社、施工会社がわかる場合もある。

②価格／価格には売主の希望が反映される。不動産会社の査定価格に上乗せしてある場合は交渉の余地あり。

③キャッチコピー／「二度と出ない」「最高」など根拠のない誇大表現を使っていないか。返済例は毎月の返済額が少なくなるよう意図的に計算したものなので要注意。

④物件の所在地／物件が特定できるところまで記載されているか。

⑤交通／物件から最寄り駅までの距離、所要時間（徒歩、バスの別）を適切に表示しているか（徒歩所要時間は80mを1分で計算する決まりだが、信号待ち、坂道などの時間は計上されていない）。

⑥専有面積／バルコニーなどを除く床面積の合計。専有面積は、壁の厚みも含めた「壁芯計算」、壁の内側を測った「内法計算」と2通りの計算方法がある。不動産登記は「内法計算」で行うが、広告は「壁芯計算」を掲載するため、生活スペースは表示された専有面積より狭くなる。ただし中古マンション広告では実際の生活スペースを示した「内法計算」での表示もOK。その場合、「登記面積」である旨が明記される。登記簿上の専有面積が50㎡を超えると税金の軽減も受けられる場合がある。

⑦間取り／3LDKでもリビングが極端に狭かったりする場合もあるので、表示に惑わされないこと。

⑧築年月／税金や住宅ローン控除の築年数制限はないが、耐震性などの安全面が大丈夫か。

⑨構造／56ページ参照。

⑩敷地権利／所有権か賃借権かなど。マンションでは土地が借地権の場合もある。

⑪用途地域／106ページ参照。

⑫管理／管理員が常にいる「常駐」、日中のみ通勤している「日勤」、複数のマンションを巡回する「巡回」、管理員がいない「自主」などがある。

⑬管理費・修繕積立金／102ページ参照。

⑭現況／空室か、居住中かを表示。

⑮引渡期日／売主が物件を引き渡すことのできる時期。

⑯取引態様／「売主」「代理」「媒介」などがある。媒介の場合は売買代金の3%+6万円（+消費税）以内の手数料（上限）を支払う。

⑰取扱不動産会社名ほか／52ページ参照。

中古マンションの
見つけ方

中古マンションの広告の見方を知ろう！②

身につけておきたい「構造」の知識

今から20年ほど前、マンションの耐震強度の偽装が発覚し、大きな事件として世間を騒がせました。危ない物件を見抜くためにも、マンション構造について、最低限の知識は身につけておきましょう。

広告などの物件概要の部分をよく見ると、そのマンションがどんな構造で建てられたかが記されています。「構造」の項目に、「ＲＣ」「ＷＲＣ」「ＳＲＣ」のいずれかの表示がなされています。つまり、マンション構造には、大きく3タイプあります。

3つの構造タイプの違い

ＲＣは、鉄筋コンクリート造のことです。文字どおり鉄筋とコンクリートで建てられたもので、一般に広告では、建物を柱や梁《はり》で支えるラーメン構造を採用した場合に表記されます。ラーメンとはドイツ語で「骨組み」の意味で、遮音性や耐震性などに優れている半面、柱や梁が出っ張るため部屋はやや狭くなります。ＷＲＣは、同じく鉄筋コンクリート造でも、壁式構造と呼ばれるものです。柱や梁を使わずに床や壁で建物を支えるタイプのものです。柱や梁を使わないため部屋を広く取れ、コストも安価。一方で、耐震性などを確保するためにある程度の壁量が必要となることから、窓やドアなどの開口部の取り方が限定されやすく、リフォーム時に間取り変更しにくいというデメリットもあります。

ＳＲＣは、鉄筋コンクリートではなく、鉄骨鉄筋コンクリートを使ったラーメン構造です。ＲＣより丈夫ですが、コストは高くなります。

Check! マンション構造の違いはこうなっている！

RC造

「鉄筋コンクリート」を使ったラーメン構造

※正確には、単にRCといった場合、壁式構造のWRCも含むが、広告上はラーメン構造のことが多い。

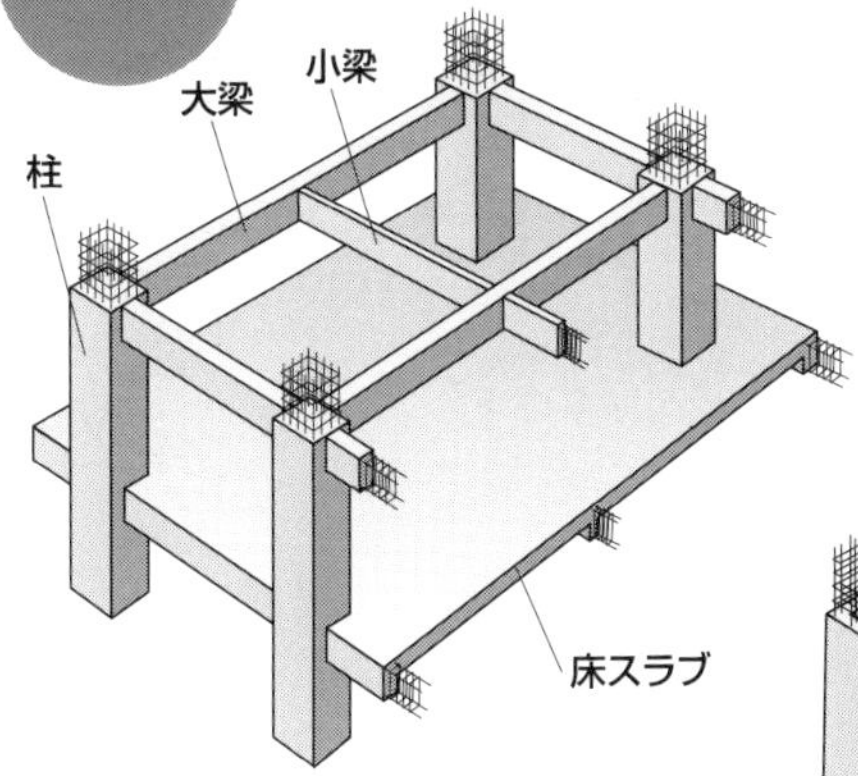

WRC造

構造壁を使った壁式構造

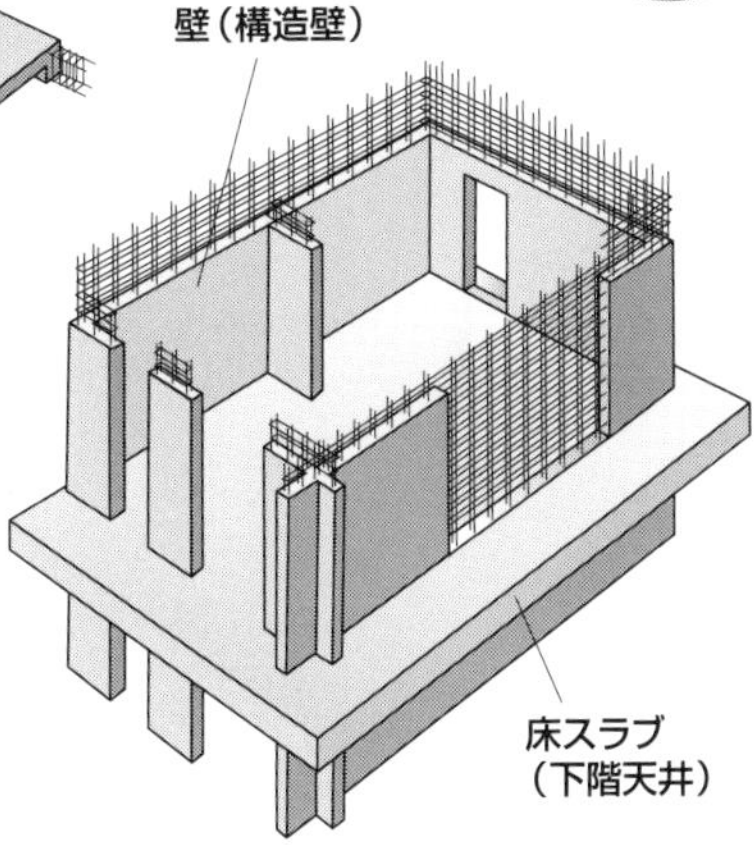

SRC造

「鉄骨鉄筋コンクリート」を使ったラーメン構造

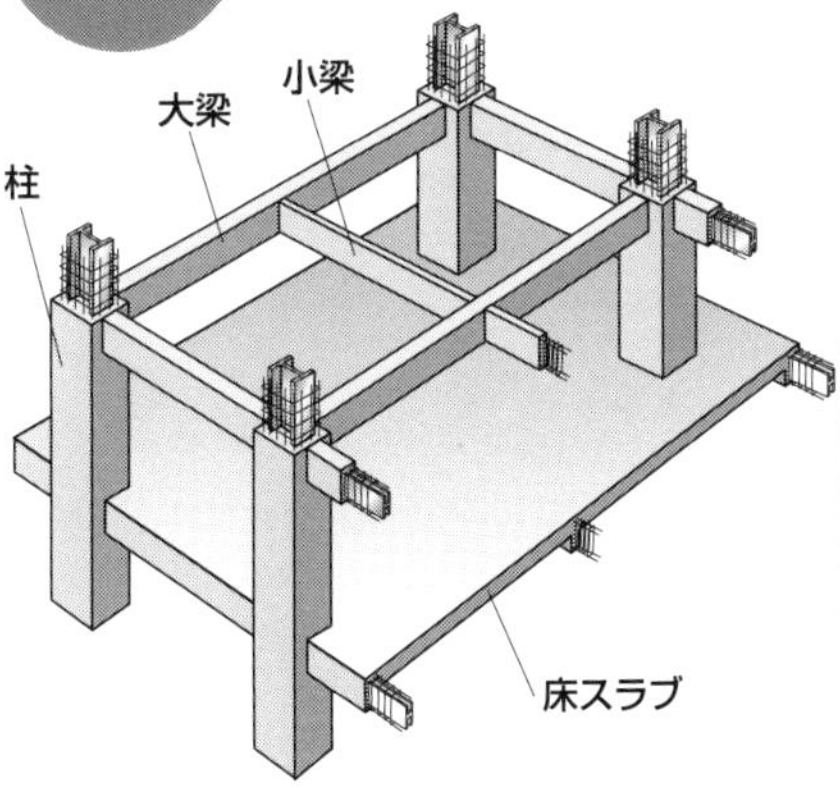

※床スラブ：床面に使用されたコンクリートの厚い板（＝スラブ）のこと。

このほか、鉄骨造の「S造」もある。ただし、遮音性や耐久性で劣るため、分譲マンションにはあまり採用されない。もしS造と表示されている場合は注意すること。

中古マンションの見つけ方

よい物件と出会うための現地見学の心得

複数の物件を見学して比較検討を

中古マンションでは、築年数や間取り以外にも、検討すべき項目はたくさんあります。施工や管理のよしあし、同じ棟に住む居住者のマナー、内装の状況などなど。いずれも、入居後の住み心地を大きく左右する条件です。

これらの情報は、物件チラシや周辺地図だけで得ることはできません。やはり、物件に直接足を運び、自分の目で確認することが大事です。

気をつけたいのは、「1軒目、1日目で決めようとしない」こと。最低でも数軒は回らないと、判断基準がわからないものです。

複数の物件を見学することで、先ほど挙げたような検討項目についても、「このポイントは譲れない！」といった自分なりのこだわりが明らかになってくることでしょう。

信頼関係を築くことがよい物件への近道

見学にあたっては、同行する不動産会社の担当者や現場で立ち会う売主と信頼関係を築くことが大事です。担当者には、前もって自分の希望や状況を正確に伝えておくことで、より適切な物件を紹介してもらえます。

物件を売る・売らないの最終的な決定権は、売主にあります。そのことを念頭に置いてマナーを守りつつ、物件へのこだわりや問題点を上手に聞き出すようにしましょう。売りに出した背景などを聞くことができれば、購入するしないの判断材料にもなるはずです。

Check! 仲介会社・売主への対応しだいでよりよい情報・条件が引き出せる！

■これだけは気をつけたい！　見学のマナー

仲介会社へのマナー

Good	NG
◎必要情報や要望を的確に伝える	◎自己資金を過大に伝えたり、勤続年数を隠すなどウソをつく
◎疑問点は率直にたずねる	◎遠慮して希望条件や不満をはっきりいわない
◎自分でも情報を集め、勉強する意欲を示す	◎予算に見合わない常識外の注文が多い

売主へのマナー

Good	NG
◎物件に関する問題点、疑問点は冷静にたずねる	◎物件とは関係ないプライベートなことを根掘り葉掘り聞く
◎物件の長所も聞き出す	◎中古ならではの汚れや趣味の違いについて、あげつらう
◎売主側の要望や条件にも耳を傾ける	◎「買ってやる」といわんばかりの高飛車な態度をとる

プロからのアドバイス

見学時に担当者が車で案内してくれる場合、移動は効率よく、快適なのですが、周辺環境の問題点を見落としやすいというデメリットがあります。１日に回る物件数を抑えるか、後日でも、周辺を「歩いて」チェックすることをおすすめします。

中古マンションならではの見学のチェックポイントは？

自分の目で確認したい6つのポイント

マンションを選ぶときのチェックポイントは、新築と中古では大きく変わってきます。新築では「モデルルーム」しか見ることができませんが、中古では「実際に自分が住む建物・部屋」を購入前に自らの目で確認できる強みがあります。問題点が見つかったときは、「安全性などの点で許容範囲なのか」「リフォームで解決できるのか」といったことを事前に検討できるため、物件の長所も短所も納得したうえで購入に踏み切ることができます。

中古マンションならではのチェックポイントとして、次の6つが挙げられます。①安全性／耐震性や構造はどうか。②耐久性／どの程度の傷みまでだったら許容範囲か。③居住性／防音性や採光・通風はどうか。④可変性／リフォームの自由度はどうか。⑤管理／大規模修繕計画、管理費などは適正か。⑥将来性／周辺環境が変化する可能性はあるか。

管理や近隣などに問題がないか確認

管理面では、管理方法や現状を確認しましょう。１００ページのような管理状態の差は資産価値を左右します。ほかにもプライバシー確保、周辺環境の面も、自分の目でチェックが必要です。

また、マンションは近隣トラブルが気になりますが、購入前にどんな人が住んでいるか調べるのは簡単ではありません。もし、売主が自分に近い年齢、家族構成、生活パターンで、10～20年住んでいたのであれば、大きなトラブルはなかったと考えてよいかもしれません。売主から客観的な話を聞きましょう。

Check! 「安全性」「耐久性」「居住性」「可変性」「管理」「将来性」の6つをおさえよう！

⑥将来性

周辺環境が変化する可能性があるかをチェック。

③居住性

防音性、バリアフリー度、換気システム、窓の大きさ、天井の高さなどをチェック。

④可変性

管理規約はどうなっているか、間取り・設備変更は可能かをチェック。

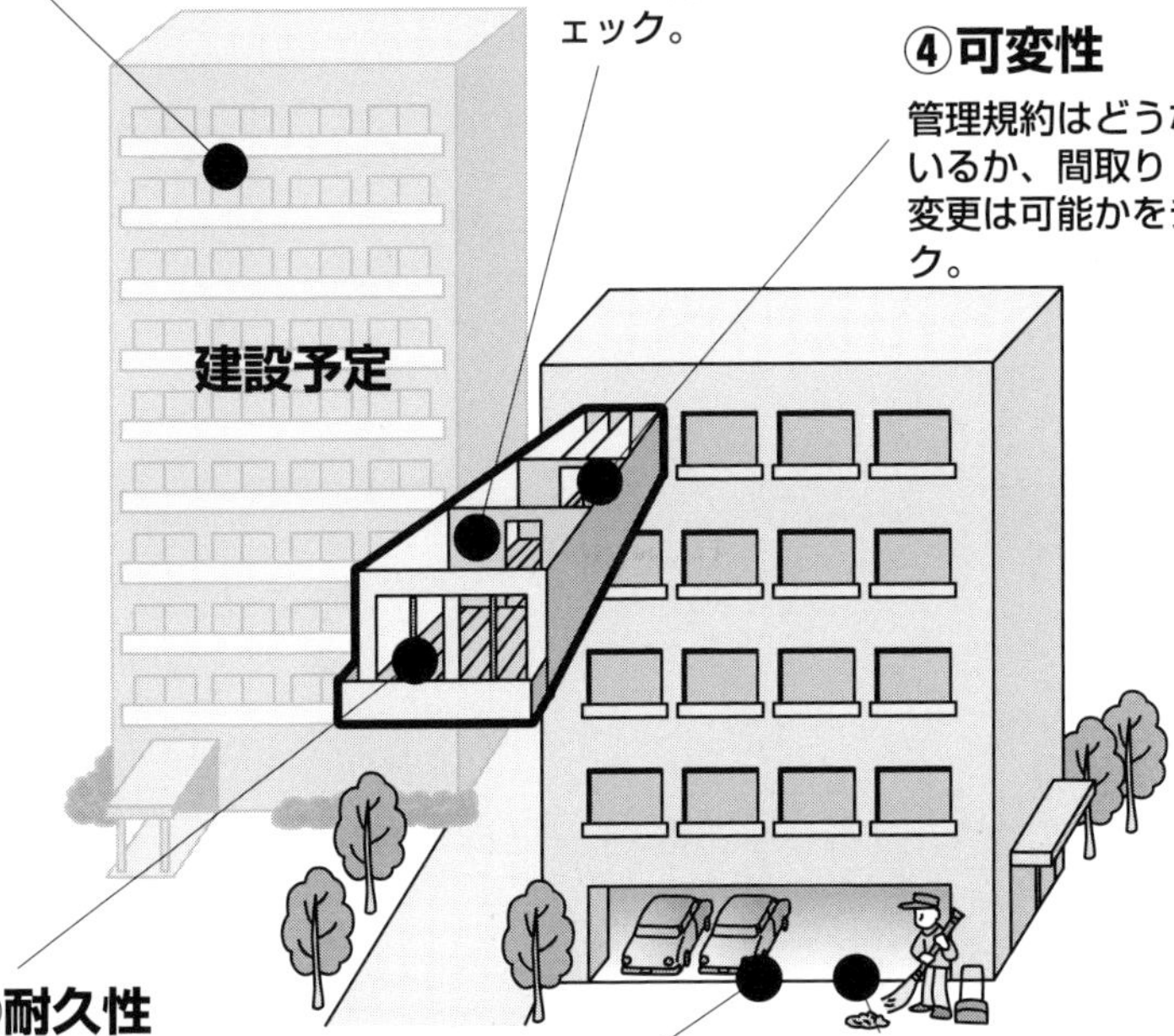

②耐久性

床・壁、コンクリートのひび割れ、ライフラインなどの設備の状態をチェック。

①安全性

築年や建物の構造、耐震診断や補強の有無などをチェック。

⑤管理

清掃は行き届いているか、大規模修繕計画・管理費などは適正かをチェック。

■気になるチェックポイント

清掃	エントランス、共用廊下、ごみ置き場、ポスト周辺はきれいか?　管理人はいるか?	近隣住人	売主に隣人との関係を聞くだけでなく、内覧を複数回行い、近隣の様子を確認。
プライバシー	住戸の中から見える場所は、外からも見えているので注意!	周辺環境	昼と夜、平日と休日の違いで大きな変化はないか? 騒音、臭いなどはしないか?

中古マンションの見つけ方

将来の利便性も考えて、インターネット環境を確認しよう！

光回線の引き込み方式によって差がある

「ＩｏＴ」という言葉をよく耳にするようになりました。さまざまなモノをインターネットでつなぎ、操作するシステムのことです。インターネットによる動画配信も増え、今後、インターネット環境が暮らしやすさに大きく影響するのは間違いありません。

マンションの場合、築年によっては光ファイバー（光ケーブル）対応を謳っていても、純粋な光回線（＝光配線方式）より通信速度の遅いＶＤＳＬ方式になっている物件があります。ＶＤＳＬ方式とは、建物までは光ケーブルで、そこから各戸までは電話回線でつなぐもの。一方、光配線方式は、各戸まで光ケーブルを引き込むものです。理論上、前者の最高通信速度は、後者の10分の1ほどとなります。

ＶＤＳＬ方式のマンションの注意点

光ファイバーの登場は２００３年のため、古い中古マンションの多くは圧倒的にＶＤＳＬ方式です。現状、ＶＤＳＬ方式でも大きな問題はありません。ただし、ＩｏＴ化が進んでいくと、極端に通信速度が遅くなるようなことが出てくるかもしれません。

ＶＤＳＬ方式では、建物内で同じ回線を同時に利用する契約者が多いほど、通信速度が落ちます。そのため、心配であれば、管理会社や回線業者に極端に遅くなることがないか問い合わせてみましょう。

なかには特定の回線業者としか契約できなかったり、インターネット無料の物件もありますが、回線速度が遅かったり、新しい技術が登場した際に乗り換えられないデメリットもあるので注意が必要です。

Check! インターネット環境が整っている中古マンションを選ぼう！

■IoTで将来の暮らしはこう変わる

照明のオンオフ
外出時の消し忘れ確認や、留守中も在宅しているように演出できる

お湯はり
外出先からお湯はりを操作できる

室温の調整
帰宅時間に合わせて、心地よい室温をコントロールできる

スマートキー
スマートフォンで解錠。時限付きで鍵情報をシェアでき、来客時に対応

◎光回線の引き込み方式の見分け方は？

〈VDSL方式〉

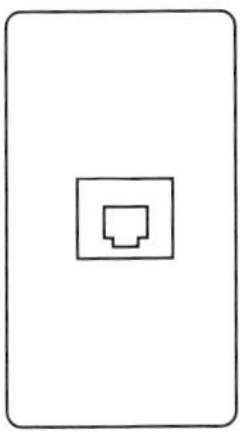

電話線用のモジュラージャックしかない場合

〈光配線方式〉

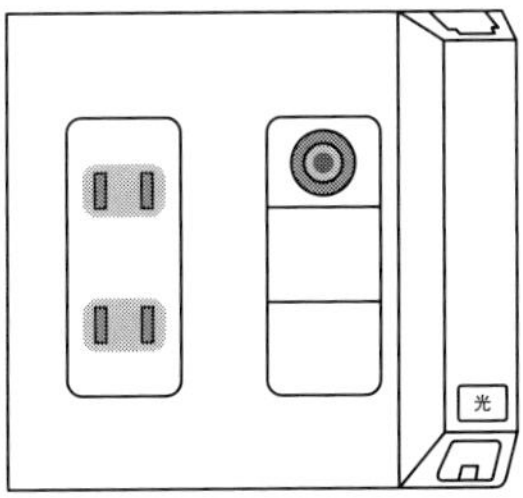

電源用コンセントに「光」の表示が目印の差し込み口がある場合（分離型タイプもある）

このほかの引き込み方式に、数少ないがLANケーブル方式もある。建物に引き込まれた光回線を配線盤に取り込み、各戸にはLANケーブルでつなぐもの。電源用コンセント近くの「LAN」の表示が目印

中古マンションの見つけ方

手抜き工事を見抜くチェックポイントは？

コスト削減のため部材を減らして手抜き

手抜き工事物件には、2つのタイプがあります。一つは、マンション価格を下げるため「お金のかかるところを手抜きする」タイプです。

マンションの構造は、柱と壁が命です。逆にいうと、お金がもっともかかるのもこの部分。コストを削減するときには、お金がかかっているところから手をつけるのが世の常です。その結果、細い鉄筋を使ったり、鉄筋の本数そのものを少なくしたりしたマンションが出来上がることになります。

納期に間に合わせるため面倒な部分を手抜き

もう一つは、「時間・手間のかかるところを手抜きする」タイプです。納期に間に合わせるために手抜きするケースです。たとえば、窓周辺のコンクリートや壁にひび割れの目立つマンションを見たことはありませんか？　大きな窓は壁に大きな開口部ができるぶん、強度を低下させます。本来、窓枠などには補強材を入れて強化しなければならないのですが、こうした細かい部分は後回しにされがちです。そして、結局は納期に間に合わずに補強されないまま引き渡される、ということが起こります。

ただし、このような手抜き工事を、素人が見抜くのは難しいことは確かです。その点で、安心R住宅や住宅性能評価書を取得している中古マンションのほうが安心といえるでしょう（38ページ参照）。

大きな欠陥だけでなく、中古マンションでは雨漏りや排水不良、結露やカビの発生の有無などにも注意して選ぶようにしましょう。

Check! 仕上げの雑なマンションは工期に追われた可能性が高い！

■手抜き工事はこんなところにあらわれる!

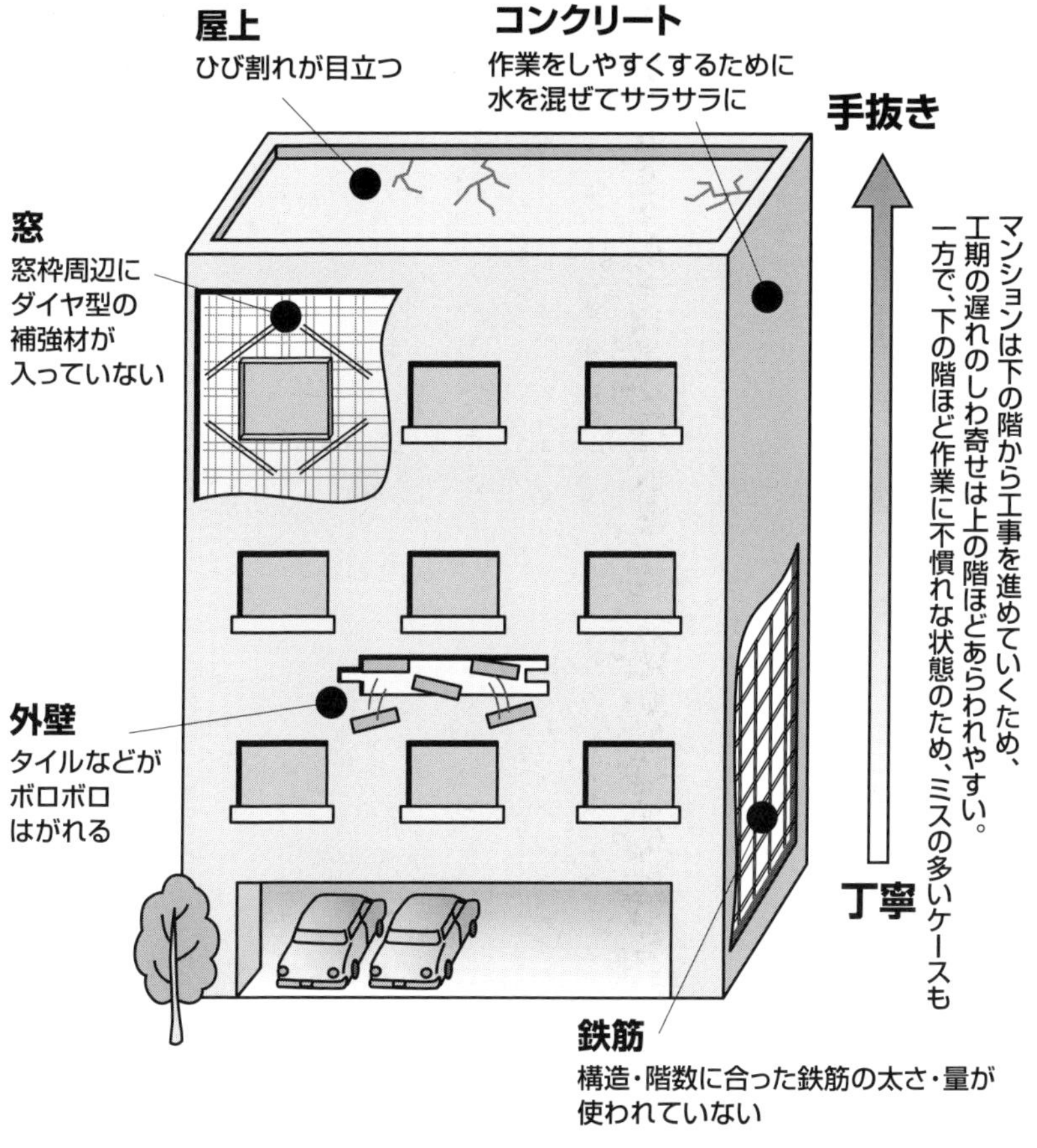

マンションの工期は、「階数」＋「3〜4カ月」が目安。

▼

工期を短縮すると人件費も抑えられるため、
構造的な手抜きより、時間的な手抜きのほうが多い！

中古マンションの見つけ方

災害リスクの高いエリアでの購入には、細心の注意が必要

災害リスクの高いエリアは避ける

物件選びの際、立地の利便性に加えて、災害リスクにも注意が必要です。購入を焦らず、災害による被害予測がないエリアかどうか確認しましょう。

代表的な地震被害の一つが液状化現象です。海の近くや地盤がゆるい埋立地などで、地盤が一時的に液体のようになる現象で、建物が傾くなど大きな被害をもたらします。また、台風や豪雨による被害も増えています。高層マンションの配電設備が浸水して停電するなど、都市でも安心できません。

昨今は条例で、活断層の真上や危険性の高いエリアには建物が建てられない自治体も出てきています。災害リスクのある場所にあるマンションは建て替えも難しくなり、将来の資産価値も心配です。

危険性が低い立地を調べる方法

防災意識が高まっている中、被害予測を情報提供する動きも強まっています。購入前にエリアの危険性を確認しましょう。地図上に被害程度を表示したハザードマップで、ある程度知ることができます。

国土交通省「ハザードマップポータルサイト」(https://disaportal.gsi.go.jp)の「わがまちハザードマップ」では、各市町村が作成したハザードマップにリンク。ネットで公開されていれば、地震による液状化被害などのリスク情報を得られます。

ただし、悪い地盤でも杭を深く打ち込んでいればリスクは減るので問題はないはずです。重要事項説明で災害情報の説明が義務づけられていますが、気になる点は質問するようにしましょう。

■各種ハザードマップで危険性をチェック

洪水

大雨によって河川の水が大幅に増加し、水が堤防を越えたり、堤防を破って氾濫したりする被害状況。

浸水（内水）

道路冠水や住居の浸水などの被害状況。内水とは、河川の水を「外水」と呼ぶのに対し、堤防で守られた人が住んでいる場所にある水を指す。

土砂災害

大雨や台風時に発生する、急傾斜地の崖崩れ・土石流・地すべりなどの被害状況を表示するもの。

地震防災

地震発生時の揺れやすさを示したものと、揺れにより建物に被害が生じる程度や区域を示したり、地域の避難場所などを表示するものがある。

津波・高潮

発生頻度は低いと予測されるが、最大クラスの津波が悪条件下で発生した場合に想定される浸水の区域を表示するもの。

液状化（地盤被害）

液状化のしやすさ、しにくさを相対的に表示。一定の揺れによって地盤が揺すられたときに、どの地域が液状化しやすいかを表示するもの。

※このほか、特定の災害を対象とせず、避難経路や避難場所、防災機関等の情報を表した地図を「防災マップ」と呼ぶことがある。

■購入を検討するマンションのポイント

- □ 避難経路は整備されているか？
- □ 防災無線などの連絡系統が完備されているか？
- □ その地域には避難所が確保されているか？
- □ 食料や生活物資などが、どれだけ備蓄されているか？

プロからのアドバイス

自治体によっては防災パンフレットなどを備えているところもあります。自治体の防災体制、避難所、病院や消防、警察などの連絡先、非常時持ち出し物品リストなど、役立つ情報が掲載されている場合も多いので、目を通してみましょう。

中古マンションの見つけ方

管理組合と管理規約の役割をきちんと理解しておこう

入居した時点で管理組合員に

通常、分譲マンションには「管理組合」と「管理規約」があります。管理組合は区分所有者（組合員）で構成され、大規模修繕計画など主に維持管理について話し合い、決定するための組織です。

マンションを購入した時点で区分所有者には組合員としての資格が生まれ、所有者でなくなったときに資格を失います。たとえば、急な転勤で住み替えが必要になり、賃貸に出した場合でも組合員のままです。規約に定めのない限り所有者自身の意思により、加入・脱退はできません。

また管理規約は重要なルール。当然ながら居住者にはさまざまな価値観やライフスタイルがあるため、同じマンションに居住し、建物を共有しながら維持していくためには、何らかの取り決めがないとマンションの維持管理はうまくいかないからです。

管理規約はどこまでが効力の対象に？

マンションによって立地や建物の構造、規模、細かな権利関係などの違いがあるため、管理や使用方法もそれぞれ異なります。

管理規約は、区分所有者全員に対して効力が及び、相続や売買により区分所有者が代わった場合は新所有者が効力の対象となります。あわせて、区分所有者がその所有する住宅を賃貸として貸し出した場合の居住者（賃借人）についても、建物等の使用方法に関しては区分所有者と同じく管理規約に基づいた使用を義務づけられます。具体的な内容としては、次ページのようなものが挙げられます。

■管理規約の内容をチェック

「管理規約」では、マンションの共用部分の範囲、使用方法、理事会の権限や義務など管理組合運営に必要なことが決められています。

◎費用負担の割合

管理費や修繕積立金、駐車場や駐輪場の使用料、専用庭やルーフバルコニーの使用料などについて各区分所有者の負担割合（金額）が定められる。

◎共用部分の割合

マンションの建物の共用部分についての負担割合を定めるもの。一般的なマンションにはない設備など、とくに管理規約で定めた共用部分を「規約共用部」と呼ぶこともある。

◎議決権割合

管理組合の運営は基本的に多数決による議決によってなされる。その議決権の割合も管理規約で定められる。たとえば、通常、各区分所有者はそれぞれ議決権を1票保有するが、明らかに区分所有する面積が大きな住戸を所有する場合は、その所有者は所有する面積に応じて2票の議決権を有するものと定めることができる。

◎管理組合役員の人数・任期

管理規約では、管理組合の役員の人数や任期を定めることができる。たとえば、マンションによっては管理組合の役員に報酬を支払うことができるよう定めているケースもある。

◎使用細則

マンションの日常生活上の注意事項として定められるもの。一般に、管理規約の内容をより細かく、日常生活上の注意事項や専有部分・共用部分等の使用に関する規則を中心に定める。たとえば、専有部分のリフォーム、バルコニーの使用方法、駐車場・駐輪場の利用、ペットの飼育、楽器の使用などについての約束が定められる。

中古マンションの見つけ方

現在の住居を売却して住み替えるときのポイントは？

今の家を手放すなら契約形態に注意

今の家を売却して得た資金で、新たに中古マンションの購入を予定している人もいるでしょう。

不動産会社に売却を依頼する場合、媒介の契約形態には、売却の仲介を複数の不動産会社に任せることのできる「一般媒介」、特定の１社に任せる「専任媒介」（自分で買手を見つけるのも可）、「専属専任媒介」（自分で買手を見つけるのは不可）の３種類があります。買手への窓口が広い一般媒介が有利に思えるかもしれませんが、不動産会社からすれば他社に契約を奪われてしまえば儲けはゼロ。そのため、積極的に営業してもらいづらいのがデメリットです。通常は専任媒介をおすすめします。

不動産会社への仲介手数料の支払いは売却契約成立時のみ。物件価格が４００万円超の場合、「物件価格の３％＋６万円（＋消費税）」が上限で、広告費などの費用はここからすべて賄われます。なお、媒介契約は最長で３カ月となっていますので、３カ月ごとに媒介先を変えることもできます。

信頼できる不動産会社を選ぼう

まずは不動産の価格査定ですが、できれば、複数の不動産会社に査定を依頼し、査定額およびその根拠を確認しましょう。高く査定して契約を取ろうとしたり、低く査定して早く売却を成立させようというケースもあるので注意してください。

最終的に媒介を依頼する不動産会社を決める際には、担当者がポイントになりますので、査定などの機会に信用できるか判断するといいでしょう。

■売却を依頼する不動産会社選びのポイント

1　査定価格の根拠をきちんと説明してくれるか？
相場より高い価格では成約は難しい。地域の動向に長けていると力強い

2　住み替えのタイミングや住宅ローンを考慮してくれるか？
住宅ローンの知識が十分にない担当者もいるので注意すること

3　売手の立場になってくれるか？
自社だけで物件情報を囲い込むようなことをする会社もあるので注意

4　インターネットでの広告・販売活動を展開しているか？
大手の不動産検索ポータルサイトに物件広告を積極的に出していること

5　プロとしての自覚があるか？
話をきちんと聞いて、専門的な知識に基づいて明解に説明してくれること

6　売却の専門的なアドバイスをしてくれるか？
住宅ローンなどの知識が豊富で、売却のノウハウを持っていること

7　複数の不動産会社に相談したか？
査定価格にかかわらず、信頼できそうな会社･担当者を選ぶこと

■3つの媒介契約の特徴

◎一般媒介――売主への活動報告は任意

複数の不動産会社に売却を任せられるので間口が広いが、販売活動への費用がかけられない傾向がある。人気があり、売りやすい物件でなければ不利になることも。

◎専任媒介――売主への活動報告の義務あり（2週間に1回以上）

一般媒介に比べると、広告などに費用をかけてくれる。不動産会社は1社にしか売却依頼ができないが、自分で探した買主との直接契約も可能。

◎専属専任媒介――売主への活動報告の義務あり（1週間に1回以上）

1社の不動産会社にしか売却依頼ができない点では専任媒介と同じだが、自分で探した買主と契約する場合でも、必ず不動産会社を介さなければならないので、手数料が必要になるというしばりがある。

中古マンションの見つけ方

売却しての住み替えは、売ってから買う？ 買ってから売る？

「売り」と「買い」は同時進行が基本

住み替えで迷うのが、「売り」と「買い」のどちらを先行させるかです。

売却する自宅に銀行などの抵当（担保）権が設定されている場合、それを抹消しないと売却が完了できないほか、購入するための住宅ローンが組めないことも多く、不動産会社からは「売り先行」をすすめられるのが一般的です。一方、現金で購入した、あるいはすでに自宅の住宅ローンは完済している場合など、あわてて売却する必要がなければ「買い先行」でも問題はありません。

売り先行では一時的に仮住まいに住むという選択肢もありますが、その費用や手間を考えると、できるだけ売りと買いを同時進行させるのが得策です。

「買い替え特約」をつければ安心

住み替えの際は、まず売却査定を依頼し売却可能価格を想定します。その金額からローンの残債や売却時の諸経費を引いた資金のうち、どの程度次の頭金に使えるかを求めて購入物件の予算を決めます。通常、購入したい（住みたい）物件を決めてから売却活動に入ることが多いようです。

ただ、先に売却するといっても、思うように事が運ぶとは限りません。購入物件が決まっている場合、少し価格を下げてでも売却を優先させることが多くなります。それでも期日までに売却できない場合に備え、売買契約を白紙に戻すことができる「買い替え特約」をつけてもらうようにすれば、安心できます。

Check! 住み替えをスムーズに行うには売却と購入のタイミングが大事

■「売り先行」と「買い先行」の流れ

売り先行　今の住居を売りに出し、売却の見込みが立ってから住み替え物件を探すパターン。住み替え先を早く見つけることがポイント。

今の住まい　売却契約 → 決済・引渡し → 退居
仮住まい　契約 → 入居 → 退居
新居　契約 → 決済・引渡し → 入居

メリット
◎高めの販売価格で売り出せる。
◎資金計画が立てやすい。

デメリット
◎住み替え物件が見つからないと、仮住まいが必要になり、手間も出費も大きくなる。

買い先行　額が高くなっても新たにローンが組めるという人に向いている。

今の住まい　退居 → 売却契約 → 決済・引渡し
新居　契約 → 決済・引渡し → 入居

メリット
◎新居探しにじっくり時間が使える。
◎仮住まいの心配がない。

デメリット
◎売却が遅くならないように値引きも想定しなければならず、売却価格が安くなりやすい。

プロからのアドバイス

不動産会社が売却物件を直接買い取ることを「買取」といいます。仲介による売却価格より25～30％程度安くなるのが一般的ですが、早ければ数日～1週間程度で現金化できることが大きなメリットです。なお、「買い替え特約」をつけておくと、物件をおさえるために払った手付金が戻ってくるので安心です。

COLUMN

不動産広告の表示方法が変更に

不動産広告には、表示方法にさまざまな規則があり、その規則は不動産公正取引協議会が「不動産の表示に関する公正競争規約（表示規約）」や「表示規約施行規則」として取り決めています。この表示規約と施行規則が2022年9月に改正されたので、物件選びに役立つよういくつかご紹介しましょう。

まず「交通の利便性、各種施設までの距離または所要時間」の表示方法が変わり、分譲マンションでは以前は最も近い住戸までの所要時間を表示すればよかったのが、最も遠い住戸までの所要時間についても表示することになりました。大規模マンションで駅に最も近い住戸が徒歩2分、最も遠い住戸が徒歩5分なら「○○駅まで徒歩2分から徒歩5分」と表示されます。

また、これまで徒歩所要時間は「最寄り駅等から物件まで」でしたが、起点が「物件から最寄り駅等まで」に変更されています。最寄り駅から主要駅までの電車の所要時間も、平常時ではなく朝の通勤ラッシュ時の表示が基本となり、「A駅からB駅まで通勤特急で35分（平常時は特急で25分）」というように、平常時の所要時間を表示する場合は併記の形をとることになっています。さらに、乗り換えがある場合は、乗り換え時の「待ち時間」も含めることになりました。

交通関連以外では、インターネット広告について「引渡し可能年月」と「取引条件の有効期限」の表示が義務づけられたほか、「近隣の公共施設や商業施設の表示方法」が距離（m）以外に、時間（分）による表示も認められるようになりました。

「未完成新築住宅等の外観写真」の掲載基準については緩和されて、これまで「規模、形質および外観が同一のほかの建物の外観写真」に限り表示が認められていましたが、同一でなくても一定の条件に該当すれば、ほかの建物の外観写真を表示できるようになっています。勘違いしないように注意しましょう。

第3章

間違いのない中古マンションの判別法！

中古マンションの
判別法

安全性1

万一の地震に備えて新耐震基準をクリアしているか確認

「新耐震基準」は一つの目安

物件選びをするときに何より気になる要素の一つが安全性でしょう。建物の強さは建築基準法で定められた耐震基準（地震にどれだけの強さを持つか）をもとにつくられています。現在の基準は１９８１年６月１日に施行された新耐震基準（新耐震）で、この日以降に建築確認済証が交付された建物は、震度６強〜７程度の地震でも、一定時間倒壊しないように設計されています。それ以前のマンションより耐震性・安全性が高いとされています。

新耐震の建物かを確認するには、建築確認済証の交付日を見ます。売主が紛失してしまっている場合は、築年が古すぎなければ建築確認の台帳記載事項証明書を役所で発行してもらい確認できます。

確実さを求めるなら83年以降の物件を

しかし、新耐震以前に竣工した物件でも、耐震基準以上の設計でつくった耐久性の高いマンションはいくつもあります。反対に新耐震後の物件でも、建築技術が劣っていたり、無理な工期をこなすために施工が粗雑だったりと、強度に疑問符がつくこともあります。一概に判断することはできません。

新耐震は81年施行ですが、マンションができるまでには小中規模のものでも、おおむね１年半程度の期間が必要とされています。そのため、81年当時に竣工した建物自体はほとんどが新耐震以前の基準に従っているのが実情です。確実に新耐震をクリアしているものを、と考える場合は、83年後半以降に竣工した物件を選ぶとよいといわれています。

Check! 建築後40年のマンションでも新耐震基準はクリア！

■全マンションストックに対する、新耐震基準をクリアしたマンションの割合

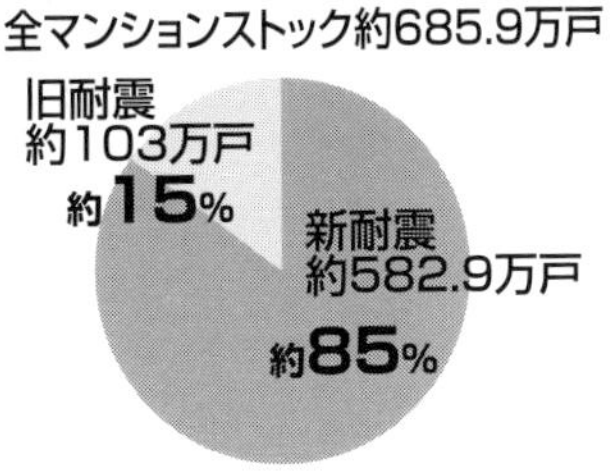

（国土交通省推計2021年末時点）

■耐震性のチェックポイント

目安は……

「新耐震基準」と
「1983年後半以降の竣工」

さらに……

・近年に耐震診断で問題ないと判定
・耐震診断を受け、補強工事を実施している

……とベター

■地震と耐震基準の移り変わり

1950年（S25）	……………………	（旧）建築基準法制定
1968年（S43）	十勝沖地震（M7.9）	
1971年（S46）	……………………	（旧）建築基準法施行令改正→帯筋量の強化
1974年（S49）	伊豆半島沖地震（M6.9）	
1975年（S50）	大分県中部地震（M6.4）	
1977年（S52）	……………………	新耐震設計法案発表
1978年（S53）	伊豆大島近海地震（M7.0） 宮城県沖地震（M7.4）	
1981年（S56）	……………………	（新）建築基準法施行令改正 →新耐震基準に
1995年（H7）	阪神・淡路大震災（M7.3）→旧耐震基準の建物倒壊	
2000年（H12）	……………………	建築基準法改正 地耐力に応じて基礎を特定 継手・仕口の仕様を特定 住宅の品質確保の促進等に関する法律施行 住宅性能表示制度実施
2005年（H17）	耐震強度偽装問題の発覚	
2007年（H19）	……………………	建築基準法改正 構造基準の厳格化 専門家による構造計算のチェック 3階建て以上のマンションで中間検査を実施
2011年（H23）	東日本大震災（M9.0）	

中古マンションの判別法

安全性2

旧耐震のマンションは耐震改修工事の実施の有無を確認

旧耐震のマンションとは？

前ページの新耐震以前の建築基準を、一般に「旧耐震」と呼んでいます（１９８１年5月31日までに建築確認済証が交付された建物が該当します）。

新耐震が震度6強～7程度の揺れにも倒壊しないのに対し、旧耐震は震度5強程度の揺れで建物が倒壊せず、破損したとしても補修することで生活が可能な耐震性を確保しています。

旧耐震のマンションを不安に感じる人もいるかもしれませんが、大きな地震でも無事だった旧耐震のマンションは多く、必ずしも危険とはいえません。

ただし、耐震性が劣っていると、住宅ローンや住宅ローン控除などの要件を満たさないことがあります。その点でも、旧耐震のマンションを選ぶ際は、耐震性のチェックは必須といえます。

耐震改修工事を実施しているかを確認

旧耐震のマンションの耐震性を判断するチェックポイントは、耐震診断が実施されているか否かです（次ページ参照）。実際は、耐震診断を行っていないマンションは多いので、売主や不動産会社に問い合わせてください。耐震診断の結果、築40年を超えるようなマンションでも高い耐震性を確保していたり、新耐震基準をクリアする耐震性が認められた旧耐震のマンションもあることがわかったりします。

もし耐震性が不足していても、耐震改修工事が行われていれば、新耐震並みの耐震性を持つレベルになっているはずです。そのようなマンションは一定の安全性が確保されていると考えていいでしょう。

Check! 旧耐震マンションは耐震診断を実施しているか購入する前に確認しよう！

■耐震診断はこのように行われる

予備調査

- ●耐震診断を行うための準備として、建物の施工年や増改築の履歴などを調べる
- ●管理組合が保管する設計図書から、構造や基礎形式なども調べる

第１次診断

- ●壁量が多い建物を、設計図書を基に簡易的に診断する
- ●一般的に行われることの多い診断で、耐震性が不足していると判定されると第２次診断を実施することに
- ●診断の結果、Is値は0.8以上あることが耐震性を有している基準

第2次診断

- ●柱や壁の強度について、より精密な調査を行い、各フロアが持つ耐震性を判定する
- ●専門の器具を使って、コンクリートの中性化や劣化状態や、鉄筋の状態を調べたりする
- ●診断の結果、Is値0.6をクリアしていることが耐震性を有している基準

第3次診断

- ●柱と壁に加え、梁の強度も考慮した高度な診断を行う
- ●通常、SRC造などの高層マンションを対象に実施する
- ●構造計算が難しく、診断を行うには、高いレベルの知識と技術を必要とする

■耐震性はここでチェック！

建物の強さ	建物の粘り	建物の形状	経年状況
地震に対する強度はあるか？	地震による変形に強いか？	地震力が特定箇所に集中しないか？	柱や壁の劣化状況はどうか？

数値化して計算

地震に対する安全性を判定！

耐震診断指標

Is値≧0.6

※一般的な数値であり、地域や地盤の状況などにより異なる

0.3未満
→倒壊、または崩壊する危険性が高い

0.3以上0.6未満
→倒壊、または崩壊する危険性がある

0.6以上
→倒壊、または崩壊する危険性が低い

耐震診断を実施していれば管理組合に保管されている診断報告書でチェック！

中古マンションの

判別法

安全性３

「耐震」「免震」「制震」の違いで地震時にカバーされる範囲が異なる

地震の揺れに対する構造の違いは３つ

マンションの構造は材料等で分類するとＲＣ造やＳＲＣ造などになりますが（５６ページ参照）、地震に対する構造で分類すると、「耐震」「免震」「制震」の大きく３つあります。地震の揺れに対して、どのように対応しているかに違いがあり、マンションを選ぶ際の重要なポイントになります。

①耐震（構造）

壁や柱など建物の構造自体を強化し、「地震に耐える」ようにした構造です。一定規模の地震の揺れに一定時間以上耐え、建物内の人が避難する時間を確保して生命を守ることを目的としています。そのため、建物が壊れないわけではありません。なお、１９８１年６月の建築基準法の改正以前と以降で耐震の基準が異なります（７６ページ参照）。

②免震（構造・工法）

地震から伝わる力を「抑制する（免れる）」ことで構造物の破壊を防止する構造です。建物と基礎の間に免震装置を設置し、地盤（地面）と切り離すことで、建物に揺れがダイレクトに伝わらないようにしています。耐震構造と違って、建物内の人だけでなく、建物自体も守るという考えに立っています。

③制震（構造・工法）

建物の中に「揺れを吸収する装置（ダンパーなど）」を組み込んで、建物が壊れるのを防止する構造です。免震と同じく、建物内の人も、建物自体も守ることを目的としています。

なお、３つをコスト面で比較すると、免震構造が最も高く、制震構造、耐震構造の順に安くなります。

Check! 3つの地震対策！耐震・免震・制震の違い

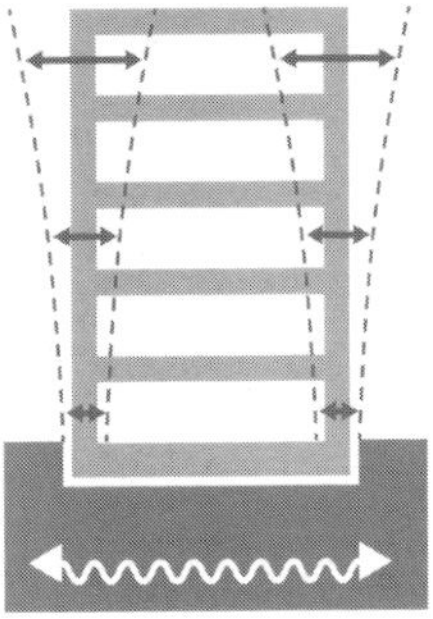

耐　震

【方法】壁を増やしたり、柱を太くしたり、鉄筋の数を増やしたりするなどして、建物の強度を増して倒壊を防ぐ

【普及度】免震、制震より歴史が古く、またコスト面で優位なことから、マンションに限らず、日本の建物では最も多く採用されている

【備考】倒壊させずに避難することを前提としているため、地震の規模によっては復旧に大規模な修繕が必要になることもあり得る

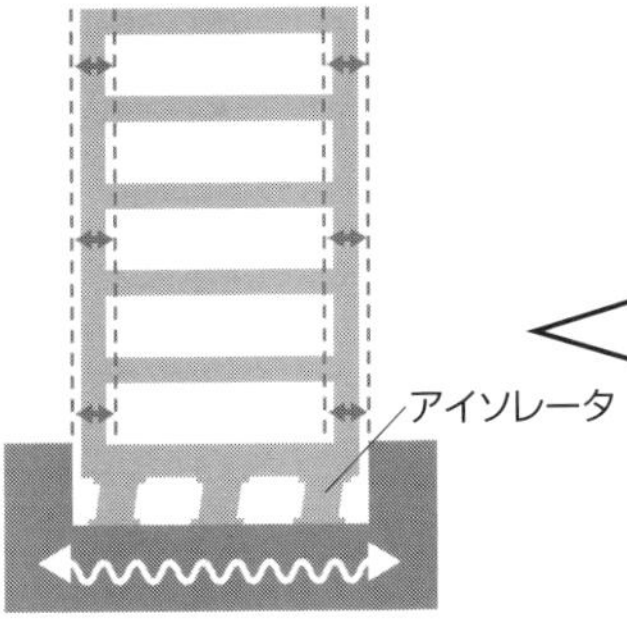

免　震

【方法】建物と基礎の間に、揺れを吸収するダンパーや建物を支えるゴム状のアイソレータなどを設置し、揺れを受け流して建物に力を伝えない

【普及度】阪神・淡路大震災以降の構造（工法）で、耐震構造と比べて設置費用が高額。大規模マンションや高級マンションに採用されることが多い

【備考】建物と地盤面とが切り離されているため、小さな地震や強風などでも建物が大きく揺れることがある

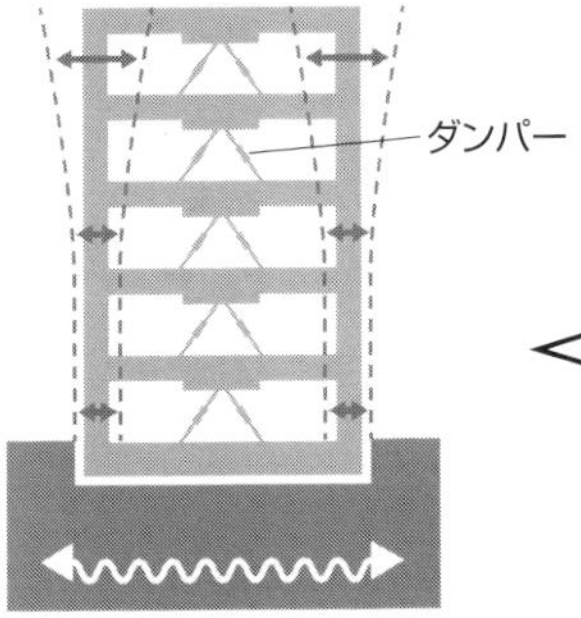

制　震

【方法】建物内部にダンパーや重りなどで構成された制震装置を設置し、揺れを吸収する

【普及度】上階ほど揺れが増幅する高層ビルなどの高い建物に有効だが、免震装置に比べて設置コストが安いことから、中低層マンションでの採用も徐々に増えている

【備考】揺れが小さなことで、建物の損傷が軽減されるため、繰り返しの地震にも有効といわれている

タワーマンションなどでは、免震・制震・耐震すべての技術を組み合わせることで安全性を高めたものも建築されている

中古マンションの判別法

安全性4

建物の1階部分に注目！開放的なつくりは地震に弱い

めずらしくない「ピロティ」型駐車場・店舗

阪神・淡路大震災では、多くのビルがさまざまな形でつぶれたり倒れたりしましたが、いくつか典型的な壊れ方をした例があります。そのうちの一つが1階部分のもろさによるもので、1階が駐車場や通路だったマンションもこれに入ります。

敷地に余裕のないマンションの場合、建物の1階部分を全部駐車場にするのはめずらしくありません。問題はそのつくり方で、車や人の出入りを考えて開放的に柱だけで支える空間（ピロティ）にすると、柱と壁に囲まれた住戸部分と比べて確実に強度が低くなります。

柱以外の壁をガラス張りにした店舗などのテナントであっても、これと同様です。

補強されていれば強度的には問題解決

震災の後、ピロティ型の建物の多くが耐震補強工事を行っています。これは目で見てすぐにわかるので、必ず確認しましょう。

一つはピロティの柱と柱の間に壁をつくる方法です。強度は増しますが、壁の場所によっては使い勝手に支障が出ることもあります。鉄骨ブレースを入れて採光を保ちながら補強する方法もありますし、最近では柱上部を補強し、下部は車や人の出入りが従来どおりできるという技術も出てきました。

また、一見わかりにくいのが、炭素繊維などの補強材を柱に巻きつけて柱自体の強度を上げるもの。ピロティ部分がそのままになっている建物は修繕履歴表を確認してみましょう。

Check! 1階部分が駐車場の場合、耐震補強の有無はここを見る！

耐震補強がされていないもの

①〜③のような補強がされていない場合は、補強の計画があるかを確認！

鉄骨ブレースによる補強

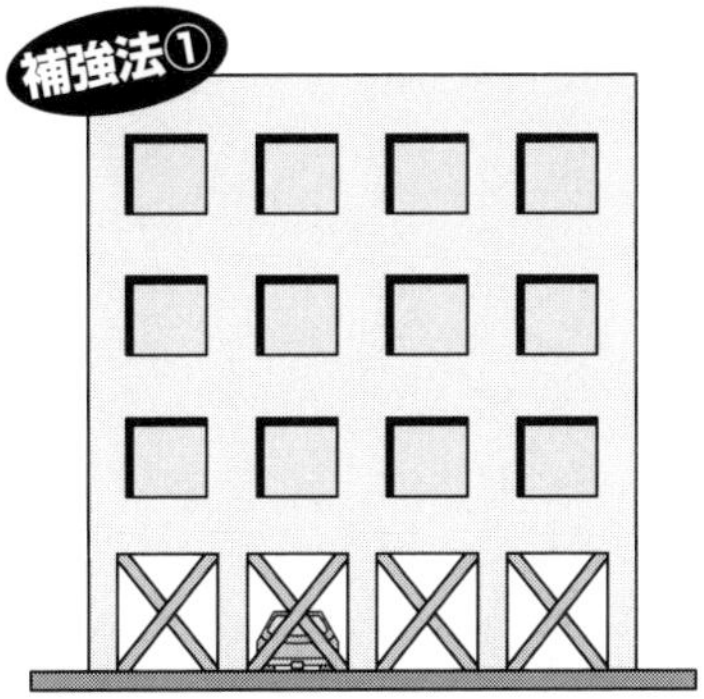

鉄骨をクロスさせることで、両側の柱に均等に力を振り分ける。

鉄筋コンクリート造の壁による補強

壁を増やして支える断面積を広げたことで、今までより重い力に耐えられる。

柱に炭素繊維などを巻きつけての補強

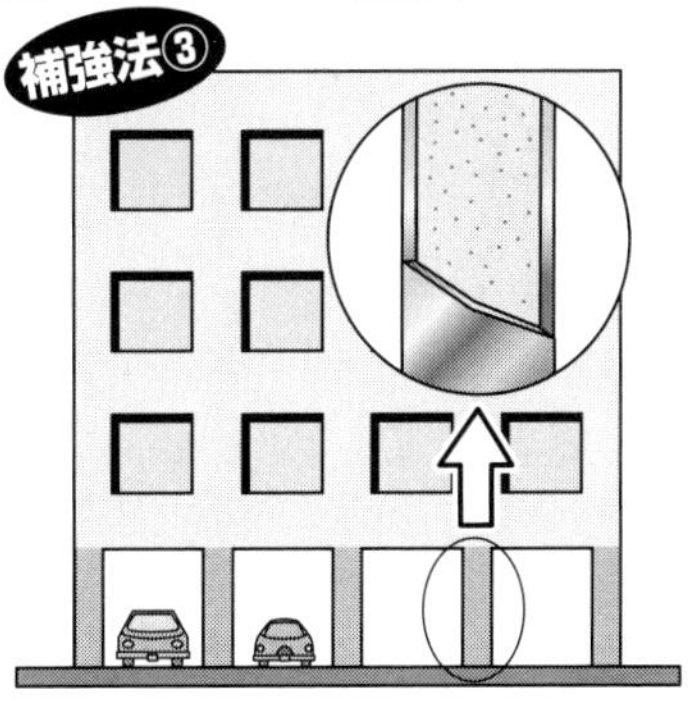

柱に炭素繊維などの補強材を巻きつけ、柱が横にふくらんで破壊されるのを防ぐ。

中古マンションの判別法

耐久性

水道・電気・ガスなどの設備は建物全体を視野に置く

配管は共用部分か専有部分かが鍵

給排水・給排気・電気・ガスといった設備は暮らしの生命線です。中古マンションでは、各管とも通常は床スラブの下やパイプ（配管）スペースを通るため、目にふれることはありません。しかし、赤水や電気容量不足、排気不良などの不具合が生じれば即、生活に影響します。

また、これらは共用部分と専有部分とがつながっているため、万一不具合が生じても専有部分だけの修繕では直しきれない場合があります。配管類は建物全体の管理・修繕計画と連動した手入れが必要なのです。

指定以上に電気容量を増やそうと勝手に工事してトラブルになったり、排水管を直すのに階下の天井を壊さねばならず、費用がかさんだ例もあります。

修繕履歴を確認してリスクを軽減しよう

配管の主な修繕方法として、高圧で内部のさびを削り取った後に樹脂コーティングなどを施して既存の管を生かす「更生工法」と、管そのものを新品と交換する「更新工法」があります。

定期的に清掃していても、築十数年過ぎれば各管とも腐食が進み修繕が必要となりますが、前述のとおり共用部分と専有部分がつながっているため、台所の横引き排水管など専有部分の修繕でも、個人の都合ですぐに行えないことがままあります。

事前に修繕履歴を確認しておくことで、入居直後の大修繕や、不具合に手をつけられないといったリスクを軽減できるでしょう。

Check! 共用部分の修繕はしにくいので、老朽化をよく確認

■パイプスペースの住戸内への入り方

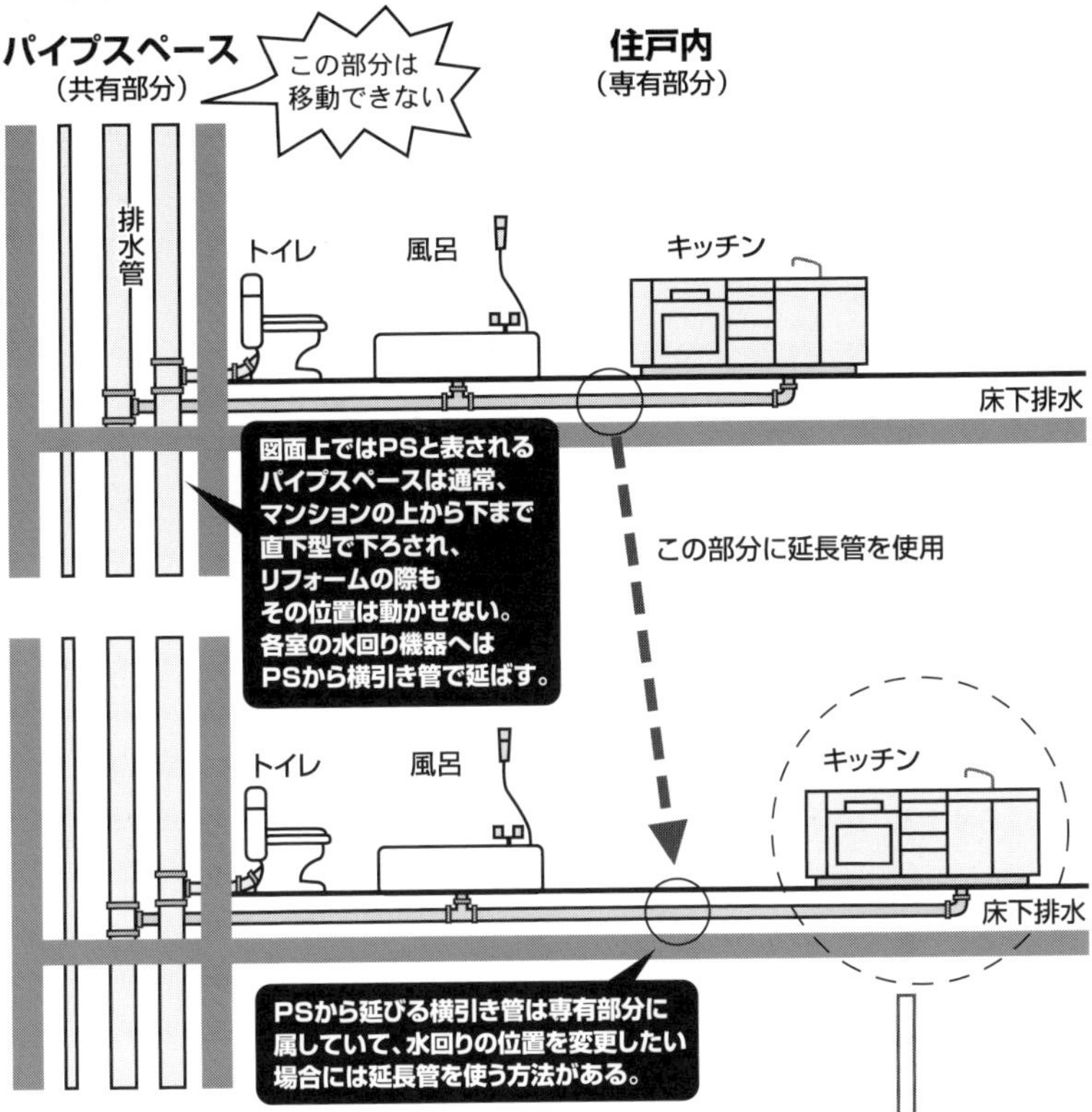

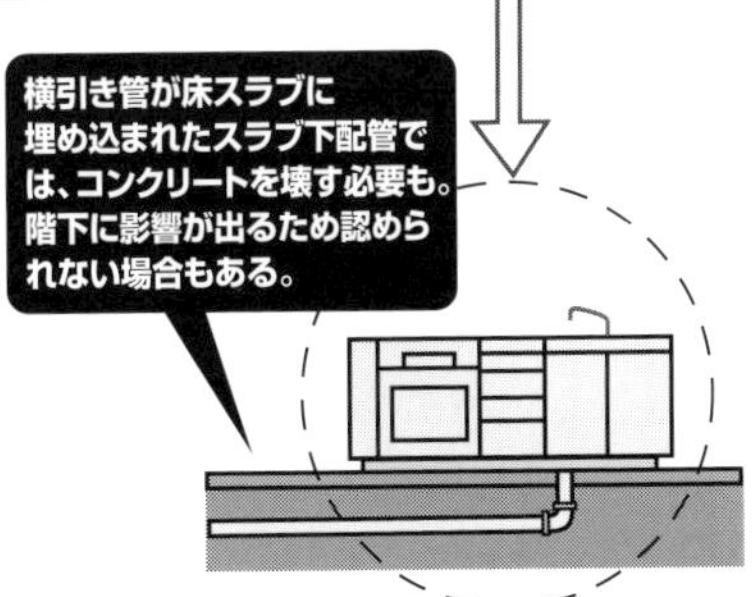

プロからのアドバイス

配管は基本的に現状に対して最適な位置になっているはずです。横引き管を極端に長くしたり、曲がりが増えたりするようなことはできれば避けたいものです。大きな位置変更よりも同一部屋内での移設や、機器の向きの変更程度に抑えておくほうが安心です。

中古マンションの判別法

居住性 1

開放感や採光性は「柱」と「梁」の出ない工法に注目！

柱がなくなる「アウトフレーム工法」

中古マンションを選ぶとき、真っ先に目がいくのが、やはりリビングではないでしょうか。最近の新築マンションでは、部屋の隅に柱の出っ張りをほとんど見かけなくなりました。これは柱をバルコニーや外廊下に出し、部屋の中はすっきり広くする「アウトフレーム工法」によるものです。

中古マンションでも、アウトフレーム工法を採用している物件が増えてきました。比較的歴史の浅い工法のため、耐久性などの判断はこれからですが、部屋の使い勝手の面では注目したい工法の一つです。

明るくて広い部屋にもデメリットが

また、天井から窓を切る「ハイサッシ」も、新築マンションのリビングでは採用されていることが多くなりました。これは「逆梁《ぎゃくばり》工法」という、従来は床スラブの下を通していた梁を上に通す方法で可能になったもの。天井に出ていた梁の出っ張りを、階上の住戸のバルコニーに持っていくことで、大きく窓の間口を取れるようになりました。

採光性がウリですが、日当たりがよすぎてカーペットがやけたり、天井が高くなったぶん、冬は部屋が暖まりにくいなどのデメリットも存在します。

バルコニー側全面を横長のリビングにした間取りも人気ですが、この場合、ほかの部屋が採光性が悪くなっていないか確認しましょう。

リビングで過ごす時間と個室で過ごす時間など、家族のライフスタイルに合わせてリビングも選びたいところです。

Check! 広がりを与え、採光性も抜群のアウトフレーム逆梁工法！

■新しいタイプの中古マンションのリビング

●従来タイプの中古マンション

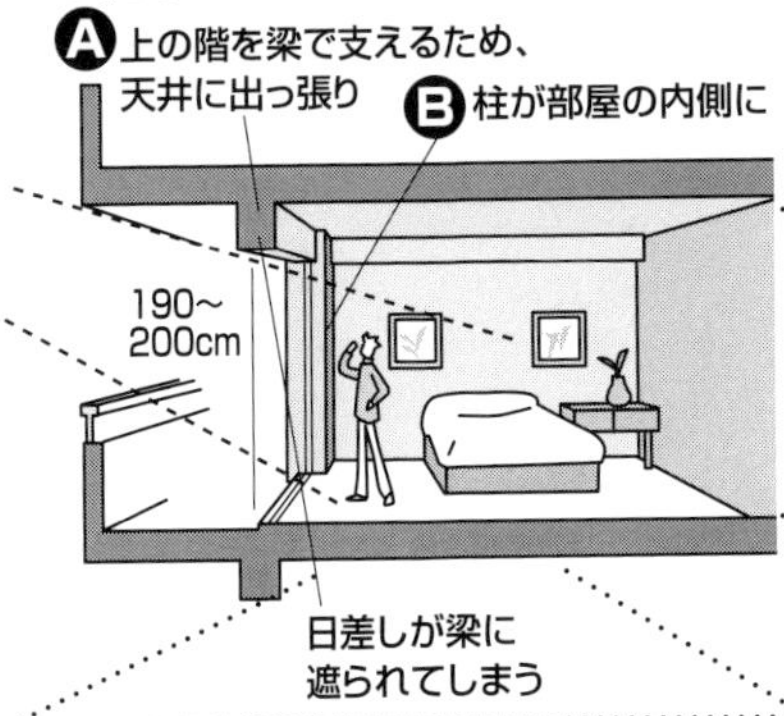

B アウトフレーム工法の登場

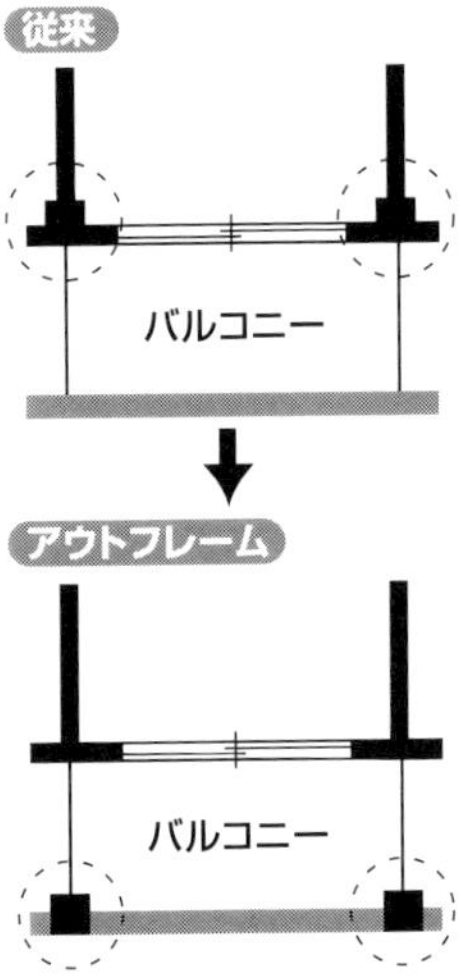

A 逆梁工法の登場

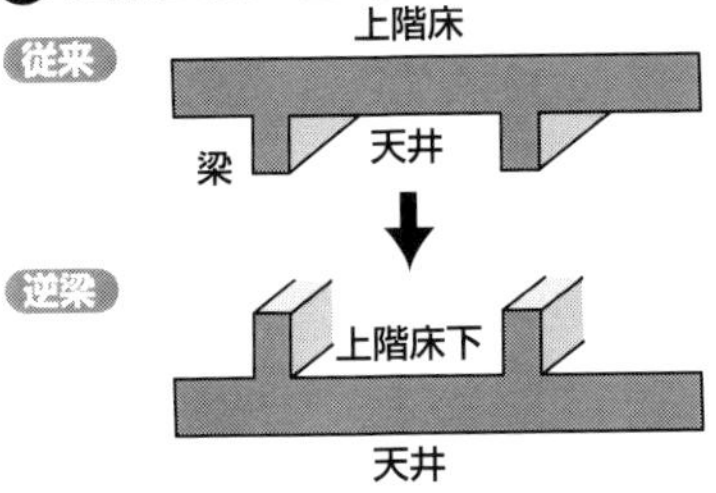

逆梁工法では、梁が天井から上向きに移動。おひつの蓋のように下の階をつり上げた形で支える

部屋の内側にあった柱を、部屋の外側に出し、さらに逆梁にしてバルコニーの手すり部分に吸収

●新しいタイプの中古マンション（アウトフレーム逆梁工法）

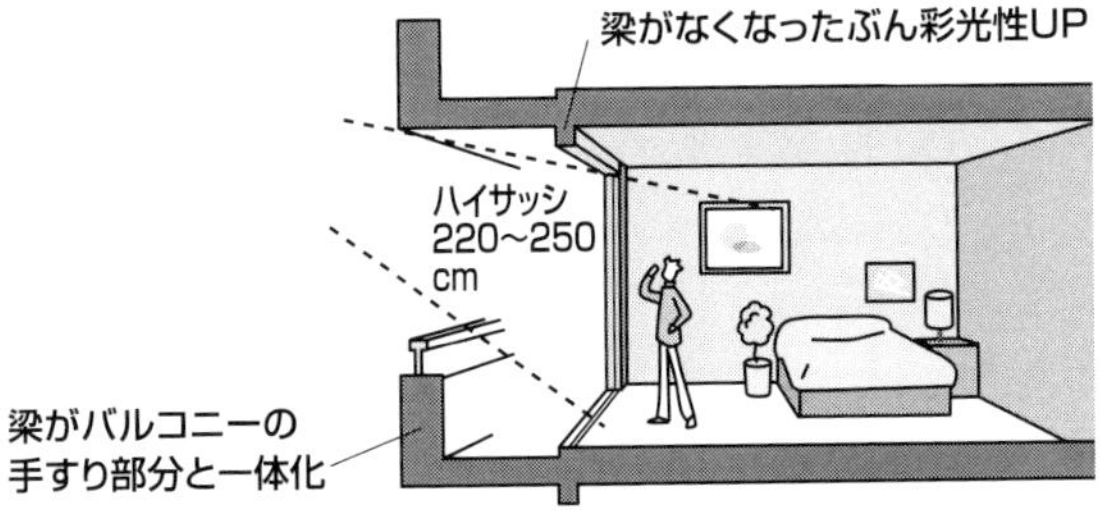

中古マンションの
判別法

居住性２

遮音性は住み心地に大きく影響！とくに「床のつくり」に注意

ポイントはコンクリートの厚み

音の問題はマンション選びで欠かせないポイントです。窓（サッシ）の気密性も影響しますが、やはりマンションでは床・天井・壁のコンクリートが防音の重要な役割を果たしています。

もっとも気になるのはやはり階上からの音です。人が歩いたり子どもが飛び跳ねたりする「ドスン」といった感覚の「重量床衝撃音」、イスを引いたりスプーンを落としたときの「カチン」といった感覚の「軽量床衝撃音」の2種類があり、床スラブのコンクリートの厚さで伝わり方は相当変わります。

最近のマンションは床スラブの厚みを２００㎜程度にして遮音性を高めていますが、30年前くらいの物件になると１５０㎜程度が通常です。

フローリングの構造にも注目

ほかにも二重床や遮音フローリングなど、マンションの床は防音の工夫がいろいろと施されています。

床スラブとフローリングの間に支持脚を立てて空間をつくった二重床は、とくに軽量床衝撃音に有効です。しかし、家具の置き方によっては脚を増やして荷重を分散する必要が出てくることもあります。

遮音フローリングは、床スラブとフローリングの間に音を遮るクッション材を挟むもので、手軽でローコスト。ただ、歩いたときに床が沈む感じがするので、見学時に感覚をよく確かめましょう。

多くの管理組合ではリフォーム時の床材や工法に気を配り、遮音等級を表すL値が、多くは45以下、厳しいところでは40以下になるように定めています。

Check! 遮音のしくみを正しく理解し、チェックしよう！

■二重床とコンクリート直貼り床の比較

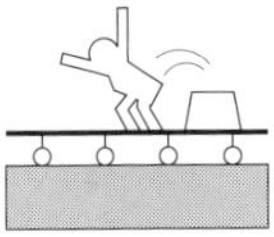

重量床衝撃音比較

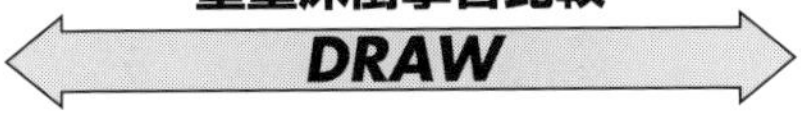

重量床衝撃音は建物の構造にじかに伝わるため、工法での違いはなく、コンクリートの厚さで決まる。

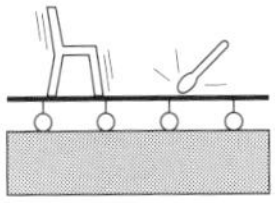

軽量床衝撃音比較

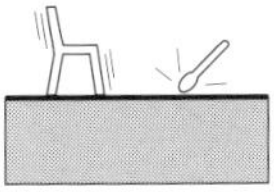

軽量床衝撃音では、二重床が効果を発揮。ただし、直貼りでもフローリングの材質によっては同等の遮音性があることも。

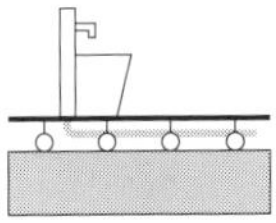

〈二重床〉

リフォーム性

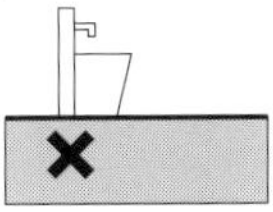

〈直貼り床〉

給配水管やガス管などを、二重床の空間に通すことができるため、リフォーム性は二重床に軍配。

床スラブの理想は200mm以上！
180mmを下回る物件は避けよう

■隣戸間の遮音はここに注意！

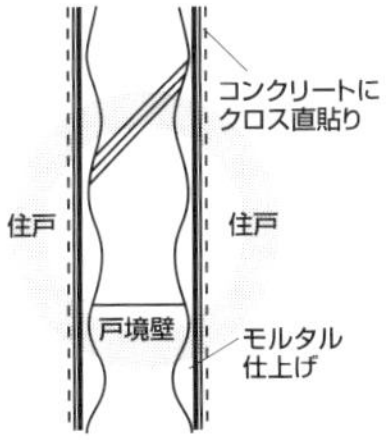

**コンクリートに
クロス直貼り**

遮音性の高い仕上げ。コンクリート厚が180mm以上あれば合格！ それ以下はできるだけ避ける。

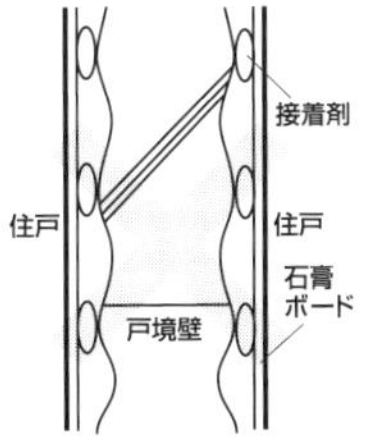

GL工法

コンクリートの上に石膏ボードを貼って下地にするため、間に空気の層ができ、共鳴現象を起こす。

■遮音等級の目安

遮音等級	人の飛び跳ね、歩行音など（重量床衝撃音）	物の落下音、イスの移動（軽量床衝撃音）	生活実感
L-60	よく聞こえる	かなり聞こえる	◎スリッパでの歩行音がよく聞こえる ◎上階の住戸の生活行為がわかる
L-55	聞こえる	気になる	◎イスを引きずる音がうるさく感じる ◎上階の住戸の生活行為がある程度わかる
L-50	小さく聞こえる	聞こえる	◎イスを引きずる音は聞こえる ◎上階の住戸の生活が意識される
L-45	聞こえるが意識することはあまりない	小さく聞こえる	◎スプーンを落とすとかすかに聞こえる ◎上階の住戸の生活が多少意識される
L-40	かすかに聞こえるが遠くから聞こえる感じ	ほとんど聞こえない	◎気配は感じるが気にならない

中古マンションの判別法

居住性3

「永住志向」があるならバリアフリーも物件選びの大項目

リフォームで「できること」「できないこと」

購入するマンションを「終《つい》の住処《すみか》」と考えている人も多いことでしょう。その場合、ぜひバリアフリーの視点からも物件を見定めたいところです。購入後のリフォームで対応できるものと、できないものがあることを念頭に置きましょう。

車イスを使うことになった場合、廊下の幅は住宅金融支援機構の定めでは７８０㎜以上となっていますが、９００㎜程度はないと何かと不自由で、現実的ではありません。構造壁に囲まれた狭い廊下はリフォームでも広げられないので要注意です。

床をかさ上げして全面フラットにすることも行われますが、天井の低い部屋では圧迫感が出てしまうこともあります。その場合、スロープで処理する手もありますから、柔軟に考えましょう。

先走りすぎのバリアフリーは危険？

手すりの追加や風呂場の浴槽の高さ、スイッチ類などは、コストはともかく、比較的簡単にリフォームできます。

逆に、健康なうちから何でもバリアフリーにすることで、ある種の弊害が出るといわれています。たとえば家に長くいてフラットな床ばかり歩いていると、たまに外に出て段差だらけの道や階段を歩いたときにつらく感じたり、身体機能が通常よりも早く衰えたりするという報告もあります。

現況の設備にこだわる必要はなく、建物の構造に関わる部分で、将来、バリアフリー化の障壁になるところがないかをきちんと確かめましょう。

Check! 終の住処として考えるなら欠かせないバリアフリーの視点！

プッシュプルハンドル

ドアを引いて開けるときはバーを引き、ドアを押して開けるときはバーを押すしくみのドアノブ。高齢者や子どもでも楽に開閉できる。

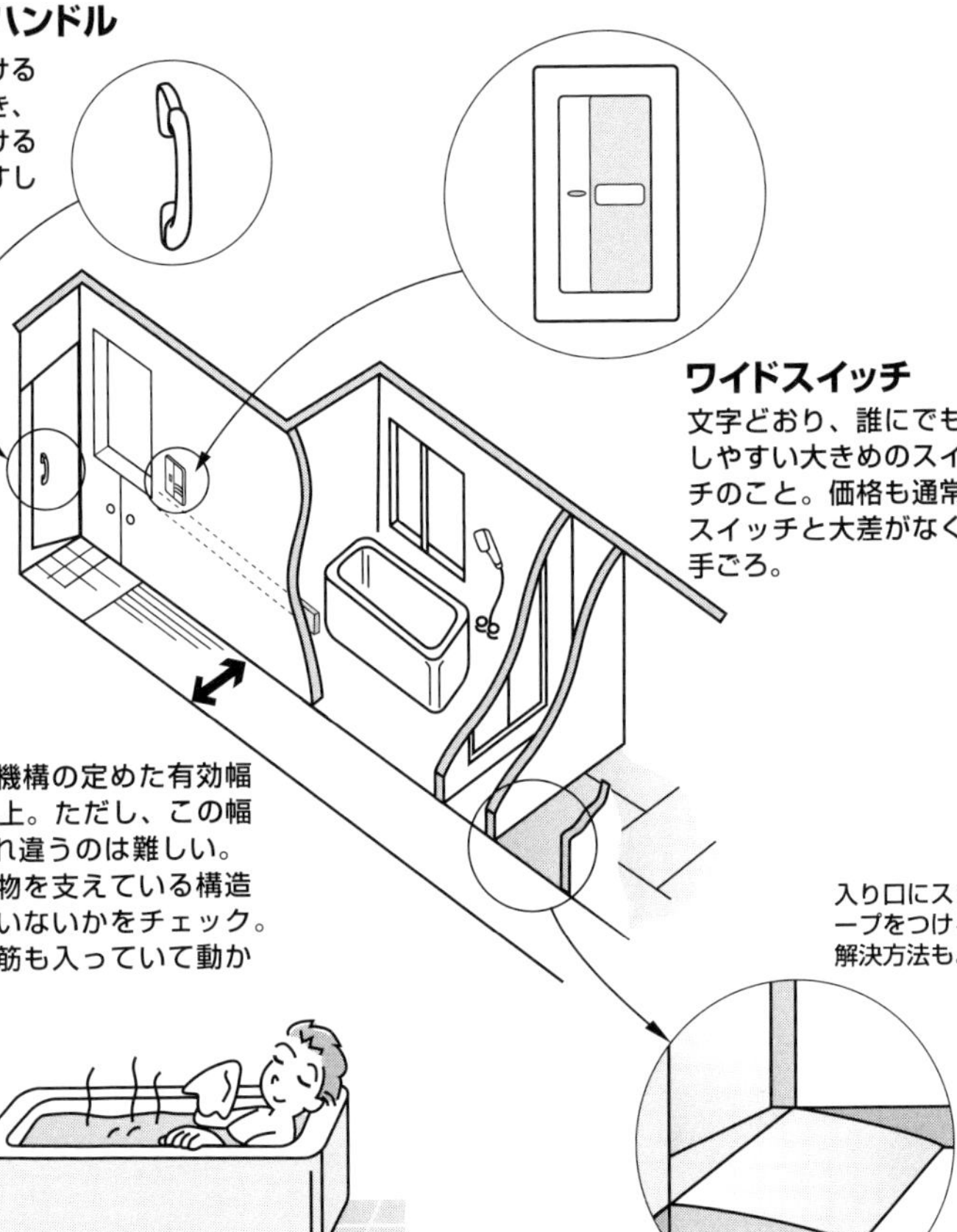

ワイドスイッチ

文字どおり、誰にでも押しやすい大きめのスイッチのこと。価格も通常のスイッチと大差がなくお手ごろ。

廊下の幅

住宅金融支援機構の定めた有効幅は780mm以上。ただし、この幅では2人がすれ違うのは難しい。広げるには建物を支えている構造壁に囲まれていないかをチェック。構造壁には鉄筋も入っていて動かせない。

低い浴槽

洗い場の床から450mm程度が理想。バスルームについては、まずは目地がとれていたり、タイルにひび割れがあったりしないかをチェック。ぱっと見、きれいでも、防水切れを起こしていて、下の階への漏水一歩手前というケースも。

床のかさ上げによるフルフラット化

かさ上げした部分は天井高が低くなるので注意が必要。将来のバリアフリー化を考えているならば、そのぶん差し引いて天井の高さも考えたい。

中古マンションの判別法

居住性４

シックハウス対策では換気システムと建材を要チェック

中古なら安心！ではない

一度かかると容易には完治しないシックハウス症候群――。建物に使われた接着剤などに含まれているホルムアルデヒドなどが元凶とされています。

ホルムアルデヒドは時間が経つと揮発が終わるので、中古なら安心といった論調も一時はありました。しかし、現在では、物件によっては築後十数年経っても揮発が続いているものも確認されていて、中古なら安心という考え方は危険です。

また、家具の接着剤が原因の場合もあり、気密性が高いマンションでは常に注意が必要です。

ポイントは「換気」と「建材」

建築基準法が改正され、２００３年７月１日以降に着工された住宅には建材に規制が設けられ「24時間換気システム」が義務づけられました。物件を見る際は各部屋に給排気口があるかどうか、小さすぎないか（直径10㎝程度が目安）を確認しましょう。

また、自然素材のみを使っている場合を別として、ほとんどのマンションでは壁・天井はビニールクロス仕上げが主流です。この建材にも注意が必要です。

建材にはＪＡＳによるホルムアルデヒド放散基準が定められており、放散量によって、建材として使用できない「マーク表示なし」から、使用面積に制限なく自由に使える「Ｆ☆☆☆☆（エフ　フォースター）」まで等級があります。現在ではほとんどの建材でＦ☆☆☆☆が選ばれていますが、中古マンションをリフォームして入居する場合は、業者に使用する建材を指定しておくと安心です。

Check! シックハウス症候群にならないための正しい知識

2003年7月1日　建築基準法改正

■建築材料の区分と内装仕上げへの使用規制

◎現在はほとんどの建材がF☆☆☆☆

最近は基本的に建材メーカーが
Ｆ☆☆☆☆のものしか生産していないため、
入居前にリフォームを行うようなときも
過度な心配は不要。

◎ホルムアルデヒドがゼロなわけではない

ただし、Ｆ☆☆☆☆表示は定められた
放散基準量の最低値であるだけで、
ホルムアルデヒドがゼロという
わけではない。
反応が出やすい人は注意。

■24時間換気システムの義務化

◎1時間で室内の約半分の空気を入れ替え

換気の方法でもっとも多いのは、
排気は機械で強制的に行い、
外気は自然に取り込むシステム。
もちろん、ランニングコスト
がかかる。

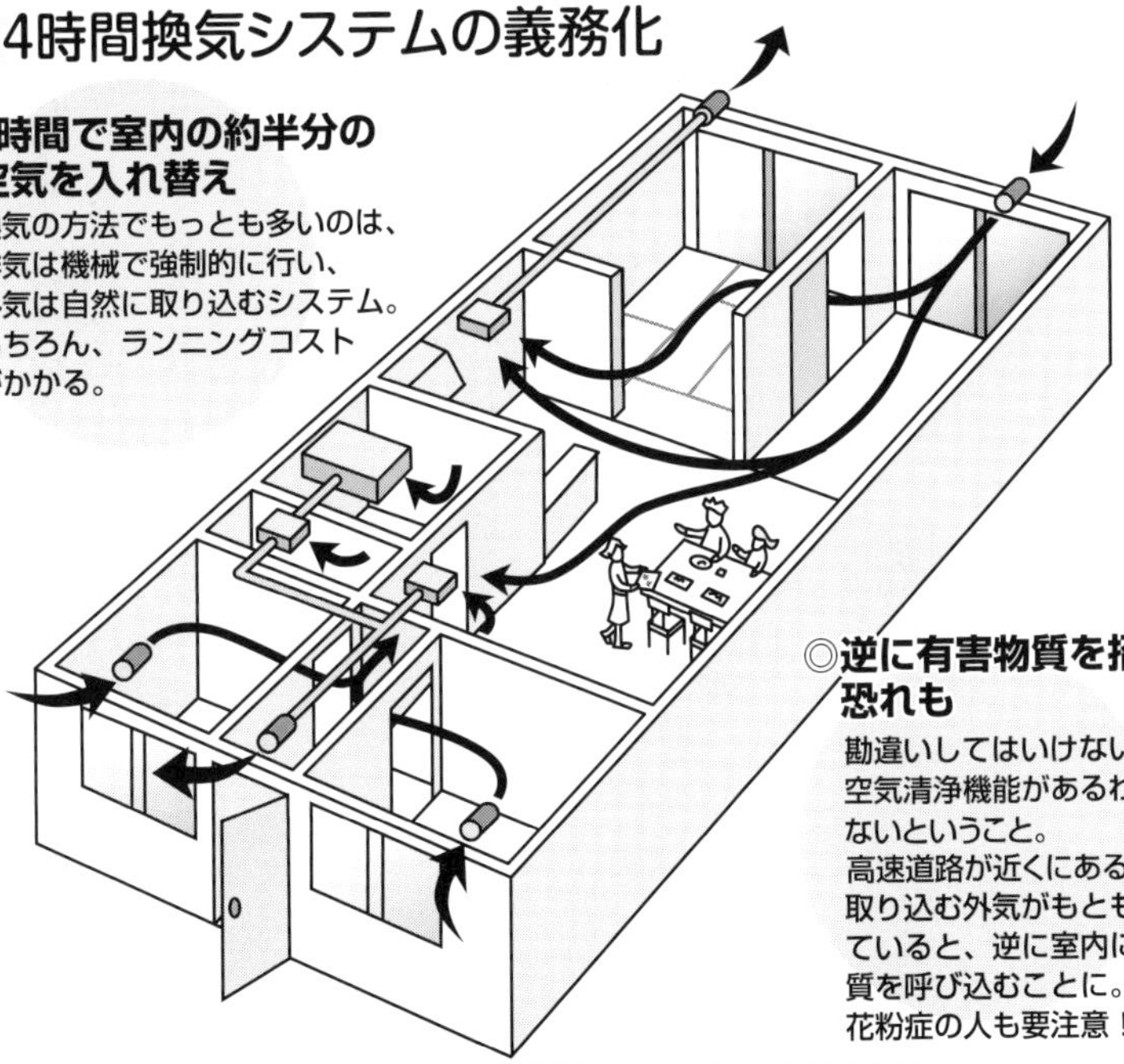

◎逆に有害物質を招く恐れも

勘違いしてはいけないのは、
空気清浄機能があるわけでは
ないということ。
高速道路が近くにあるなど、
取り込む外気がもともと汚れ
ていると、逆に室内に有害物
質を呼び込むことに。
花粉症の人も要注意！

**北側のサッシ回りも確認！
クロスにカビがある場合、通気性は×**

中古マンションの判別法

リフォーム性1

入居時に予定がなくても リフォームの自由度を確認しておく

管理規約はマンションの最高規範

リフォームの際、注意しなければならないのが、それぞれのマンションで定める「管理規約」（68ページ参照）です。管理規約では、マンションの共用部分の範囲、使用方法、理事会の権限や義務など管理組合運営に必要なことが決められています。

たとえば共用部分は基本的に個人の裁量でリフォームすることができません。一般的に規約によって玄関扉やサッシ（窓枠）、窓ガラスなども共用部分に定められ、リフォームはできません。また、専有部分のリフォームでも、工事中は近隣の居住者への騒音などの影響があるため、管理組合への届出が必要です。

こうした届出などの規則を守らないと居住者間の関係が悪くなり住みにくくなることもあるので、管理規約は守るようにしなければなりません。

納得できる規約か、必ず事前確認を

リフォームに関する規約でもっとも多いのが遮音に関する部分です。たとえば畳敷きからフローリングにする場合、床にスプーンなどを落としたときの音（軽量床衝撃音）と、人が飛び跳ねたりしたときの音（重量床衝撃音）の数値基準を定め、それをクリアする性能を床に持たせることが求められます。

また、規制の厳しいマンションでは仕上げ材が規定されることもありますし、日曜・祝日には工事を行わないことはすでに常識です。自分で納得しがたい規約のあるマンションに住むのは後悔のもとになりますから、必ず確認しましょう。

Check! 管理規約に背いたリフォームはどんな場合でも認められない！

■管理規約とは?

「建物の区分所有等に関する法律」に基づいて、個々のマンションの実情に応じて定められた各マンションのルールブック!

管理の対象となるのは、「建物」「敷地」「付属施設」で、共用部分はもちろんのこと専有部分も含まれる。

専有部分だからといって、管理規約に抵触するリフォームはできない!

■管理規約の定める一般的な制限

◎リフォーム可能な専有部分は、柱や壁の表面だけ

➡コンクリートの躯体は共用部分!
原則、壁に穴をあけたり、壁にネジを打ち込むことはできない
（躯体壁の真ん中までを専有部分としているところも。こちらは壁にネジを打ち込むことも可能）。

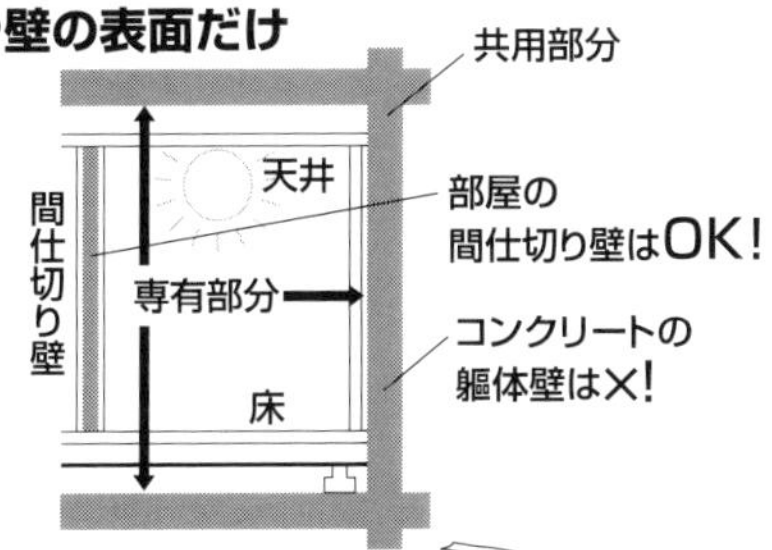

◎外観についてはほとんど不可能

➡ベランダへのサンルームなどの増設は不可！
手すりの色の変更も、マンションのイメージを変える恐れがあるので不可。
廊下側も同じで、共用部分に面しているところは基本的にリフォーム不可。

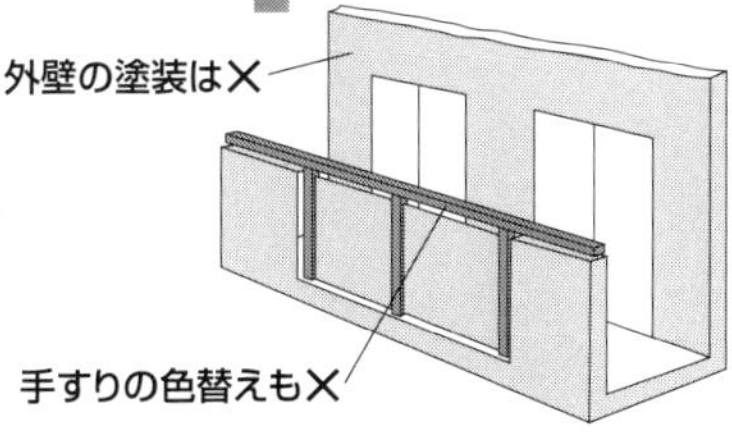

このほか、トラブルが多いのが、フローリング絡みのリフォーム!
できること・できないことを購入前に必ず確認しよう!

中古マンションの
判別法

リフォーム性2

リフォームのしやすさは管理規約のここをチェック！

管理規約の絡むリフォームは意外に多い

ここでは、リフォームと管理規約の関係についてもう少し詳しくお話ししましょう。管理規約（または使用規則）の確認が必要なリフォームを左ページにまとめたので、参考にしてみてください。

前項で、「外観についてのリフォームはほとんど不可能」と述べましたが、具体的にはどんなときに外壁に穴をあけるようなリフォームが生じるのでしょうか。

築古のマンションで時々あるのが、浴室内に置かれたバランス釜の給湯を、ガス給湯器式のユニットバスに交換するケースです。ガス給湯に交換するには、ベランダに給湯器を置き、配管用の穴を外壁にあける必要が出てきます。

管理組合との交渉も視野に入れて

リフォーム時には基本的に管理組合に届出する必要がありますが、困ったことにならないためにも、管理規約の事前チェックは欠かせません。

もちろん規約の内容は、原則としては守らなければなりません。しかし規約の中には今の時代にそぐわないものも多く、とくに築古のマンションでは管理組合に「給湯器を変更したい」など、同じような要望が寄せられていることもめずらしくないのです。

たとえば、「古い設備のままではマンションの資産価値も落ちてしまうのでは」と管理組合の理事会に手紙を書き、了承を得たという例もあります。規約の内容が古い場合は、あきらめずに交渉してみる価値はあります。

Check! 「管理規約」の面で、リフォームしやすいかどうかを確認しよう！

■リフォームしやすい管理規約かどうかのチェックポイント

チェックポイント		理由
分電盤	□40A（アンペア）以上か	・新築マンションは50Ａ以上が主流 ・古いマンションの中には建物自体の電気容量が小さい場合があり、個人で勝手に容量を増やせないケースもあるため、確認が必要
メーターボックス	□水道やガスのメーターボックスが住戸と接しているか	・メーターが住戸から離れて共用部分に位置していると、配管の交換工事などを行う際、管理組合の許可が必要な場合も
電気メーター	□メーター本体に、100V、200V、40Aが使える「単相3線式」と書いてあるか	・単相2線式だと100V、30Aしか使えない
給湯器	□ガス給湯器の給湯能力が24号以上か	・24号は、冬場でも2カ所で同時にお湯を出せるので、キッチンとバスで同時にお湯を使用しても問題ないレベル ・築年数の古いマンションは浴室内のバランス釜給湯、電気温水器の給湯器を使っている場合も。ガスに変更できるかどうか管理組合に確認を
エアコン	□すべての部屋に、エアコン用の穴（スリーブ）があるか □室外機置き場があるか	・スリーブがないと、外壁に穴をあけることになるので管理組合に確認が必要
給水管	□蛇口から出る水に濁りや異臭はないか □スラブ下配管ではないか	・築20年以上のマンションは給排水管の交換を検討 ・床スラブの下に配管が埋め込まれているタイプ（84ページ参照）だと、交換が難しくなる
換気扇	□バス、トイレ、キッチン、それぞれに換気扇があるか	・築年数の古いマンションでは、バス、トイレの換気扇が連動していることも。個別の配線ができるか要確認
床	□「直貼り床」ではないか	・古いマンションでは、コンクリートの上に接着剤などで直接床材を貼る「直貼り床」が多い。配管を通すスペースがないので水回りが移動できず、また遮音性の高いフローリングを使わないと階下とトラブルになる恐れも

中古マンションの判別法

リフォーム性3

間取り変更は戸建てより自由、ただし、配管の確認には注意

一戸建てより自由なリフォームができる

マンションは増築ができないため、個人的なリフォームは専有部分のみ。しかし見方によっては一戸建て以上の自由度があるともいえます。

多くの一戸建ては柱・梁・筋かいなどで構成される伝統的な「軸組工法」か、2×4（ツーバイフォー）に代表される壁自体で建物を支える「壁式工法」です。増築ができるぶん、間取りなど建物の構造を支える根本部分はなかなか変更できません。

その点、コンクリートの壁で囲まれた一つの空間構造のマンション（耐力壁のある壁式工法を除く）の場合、間仕切り壁は基本的にすべて取り除いても構造的に問題がありません。そのため、部屋全体を大きなワンルームにもできるなど、間取りの自由度は一戸建てよりもかなり高いといえます。

配管はマンション全体が関わるもの

注意したいのは、給排水やガスといった、パイプラインを持つ設備に関連するリフォームです。

前述のとおり、各管は専有部分では床や天井裏を通り、最終的に共用の竪管《たてかん》につながります。このため、入居後に不具合を感じて専有部分だけリフォームしてもあまり意味をなさないことがあります。配管関連のリフォームを完結させるにはマンション全体の修繕計画によるところが大きくなります。水回り位置の変更は制限されることになります。

配管の関係で、水回りのリフォームについては専有部分内で完結できる範囲内になると考えたほうがいいでしょう。

Check! 配管は共有あっての専有部分と心得よう！

■住戸の断面図

■上記間取り図

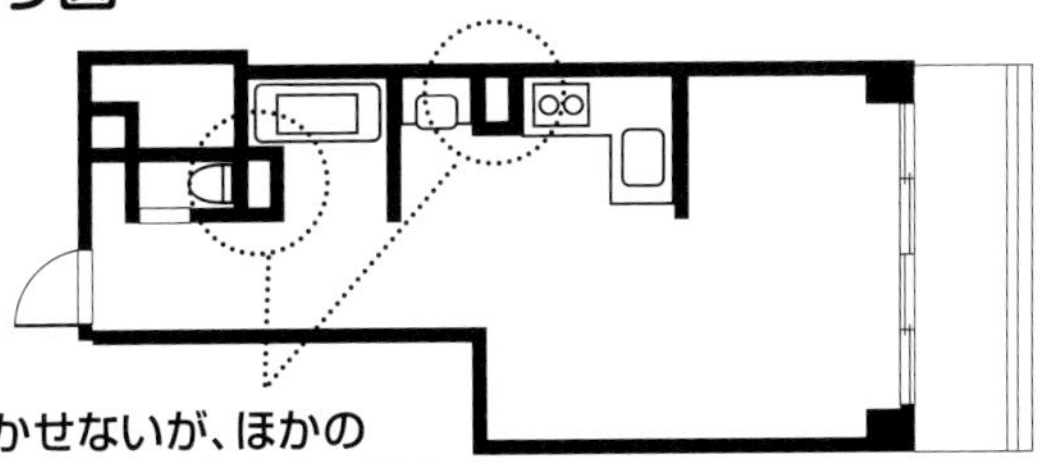

PS部分は動かせないが、ほかの
間仕切り壁やドアは原則、自由に動かせる。

中古マンションの判別法

管理 1

色あせない金言！「マンションは管理を買え」

中古マンションこそ管理状態が大切

「マンションは管理を買え」という言葉はすでにどこかで耳にしているかもしれません。この金言は、新築以上に中古マンションを購入するときに重い意味を持っています。

そもそもマンションの管理とは何でしょう。多くの人がたくさんのものを共有しつつ、一つの空間で快適に暮らしていくために必要な諸行為のことです。そして中古マンションは、その管理の下で居住環境を育てられてきたのです。管理状態のチェックは、マンションのチェックそのものかもしれません。

よい管理は建物を長持ちさせる

建物は歳月を経て少しずつ劣化していきます。鉄筋コンクリート造のマンションの場合、外壁にひび割れが生じたり、防水が弱くなって水漏れが起こったりする現象は物理的に免れません。

管理状態の差はまずこういった部分であらわれます。ひび割れや漏水は放っておくと建物の構造自体に悪影響を及ぼしたり、階下の住人の生活が成り立たなくなったりするなど深刻な事態を招きかねません。けれども、日ごろの管理・保守点検がきちんとしていれば日常の小口修繕の範囲で対処でき、来るべき大規模修繕まで建物を維持できるのです。

清掃も重要です。共用廊下やエントランス、ホール、階段などを日ごろからきれいにすることは建物や設備のさびや腐食の進行を防ぎ、建物を良好な状態に保つことにつながります。清掃状態は物件見学時に、必ずチェックすべき事柄でしょう。

■マンションの管理状態をチェック！

管理対象		チェック項目
建　物		□定期点検はできているか？ 水質、照明、昇降機保守、電気設備、消防など □定期清掃を行っているか？ 共用部分、竪管、雨どい、浄化槽など □日常修繕に対応しているか？ 日常的な小口の修繕、応急処置
施　設		□集会所、ごみ置き場、駐輪場などの状態は？
駐車場等		□割当、車庫証明発行、増設などの対応は？
緑地・植栽		□緑化計画、樹木管理などは十分にできているか？
その他の管理業務	会　計	□使用料徴収・運用 □各種委託費、外注費の支払い
その他の管理業務	総　務	□組合規約、建築協定、共用物使用細則、報酬規定などの解釈や変更、改廃 □理事会、専門委員会、人事管理等の計画立案
その他の管理業務	渉　外	□行政、自治体、消防、電力・ガス会社などとの交渉
その他の管理業務	広報・情報	□議事録の配布、掲示・回覧板、アンケート調査などの作成・回収・集計

■修繕積立金の主な使途

計画修繕（中・大規模）

修繕周期に基づく計画的修繕

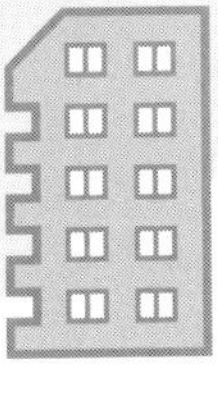

環境改善や増築

植栽の再配置、駐車場や集会所などの増築、高齢化対応への修繕など

災害時の復旧

地震などの自然災害や火災事故被害の復旧工事など

中古マンションの判別法

管理2

管理費用は「見合った金額」をかけているかを確かめる

規模によって管理主体はさまざま

実際の管理を誰が行うかはマンションによって違います。比較的小さなマンションでは、管理組合と直結した形で居住者による自主管理が行われることもあり、中規模以上になると全部委託や部分委託など、外部の管理会社に委託することが多くなります。

どちらの方法がいい悪いといったことは一概にいえません。居住者が支払っている管理費用に見合った、有効な管理がなされているかが重要なのです。

「適正な管理費」＝「資産価値の維持」

郵便受けやエントランスの清掃状態、切れている照明はないか、ごみ置き場や駐輪場が荒れていないかといったことは、そのマンションの管理状態が直接見える部分なので、要チェックです。

そのほかに確認しておきたいのが管理費です。多くのマンションで管理費用が高すぎるという指摘がされており、実際に試算すればたいてい下がります。これは従来、主なマンション事業者であるデベロッパーの子会社などが竣工後に管理の委託を受けて行っていたため、居住者の意識が及ばず、中身のチェックがなされてこなかったことが原因です。今は居住者がより積極的に管理に関わることで、金額が適正化されていくという過程にあります。

しかし、安かろう悪かろうでは話になりません。清掃が行き届かない程度の金額しか計上していないマンションは要注意。建物や設備を維持しつつ気持ちよく暮らすための適正な管理費が定められているかは資産管理の維持には欠かせない点です。

■管理会社へ管理を委託した場合

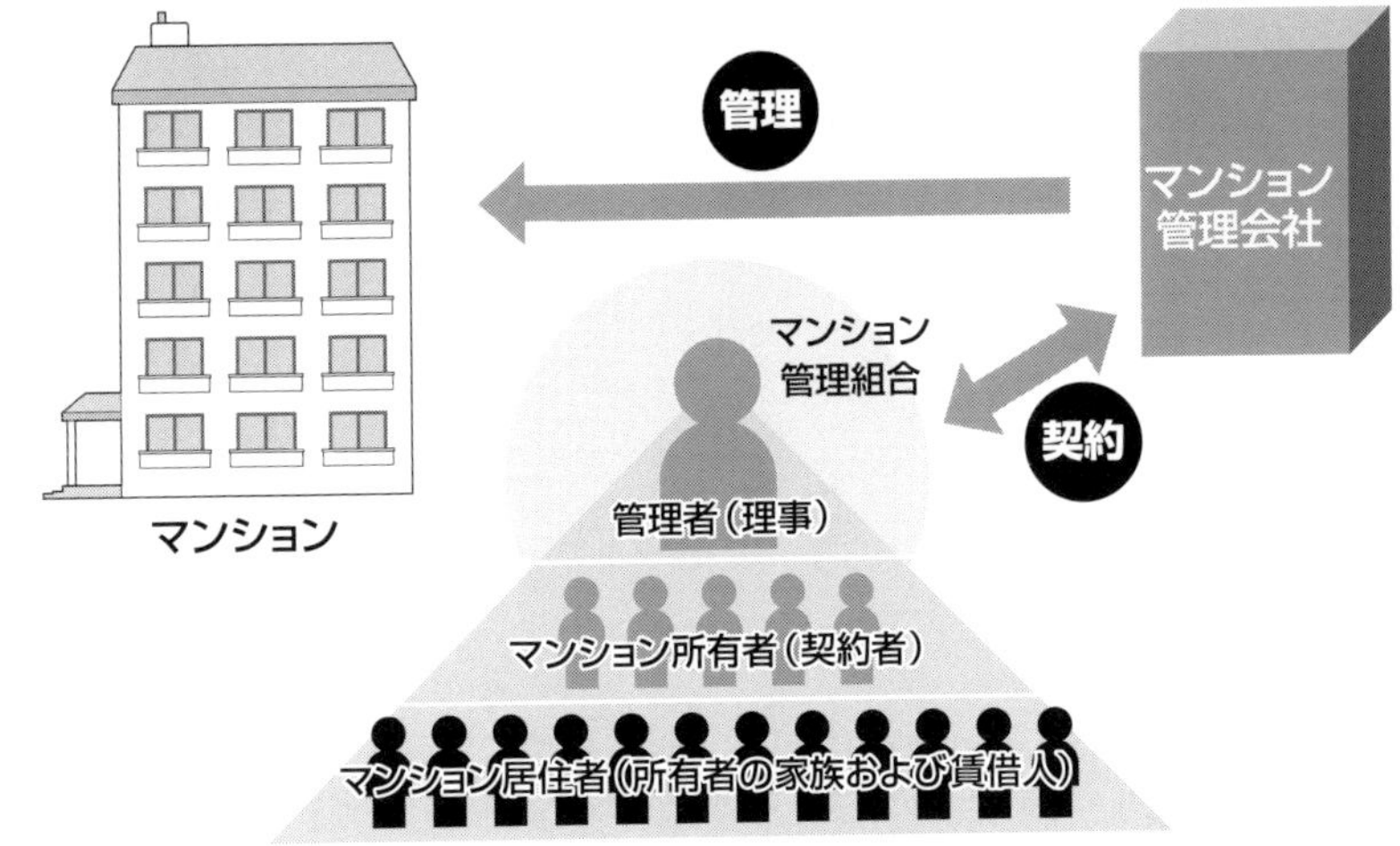

■首都圏の中古マンションの管理費と修繕積立金の平均月額

（東日本不動産流通機構「首都圏中古マンションの管理費・修繕積立金〈2021年度〉」より作成）

	管理費（円）	管理費（㎡／円）	修繕積立金（円）	修繕積立金（㎡／円）
平均月額	12,321	191	11,164	173
築年別				
築10年以内	14,690	223	9,061	137
築11～20年	13,860	194	13,331	187
築21～30年	12,487	190	12,569	192
築30年超	9,619	169	10,704	188
規模別				
50戸未満	13,185	224	11,694	198
50～99戸	12,035	194	11,048	178
100～149戸	12,134	181	11,179	166
150～199戸	12,880	182	11,594	164
200戸以上	14,178	192	11,795	160

【管理費】

「機械式の駐車場がある」「EVの台数が多い」など共用施設が充実していると高めになる。なお、マンションによっては管理のレベルを下げて安く設定していたり、駐車場代を0円にして、実は管理費に上乗せしている場合もあるので注意

【修繕積立金】

マンションの修繕工事は建物の規模や設備など、さまざまな要因によって変動する。そのため、修繕積立金の額も物件によって差がある。修繕計画や積立方法などによっても異なるので注意

管理3

将来の大規模修繕に向けて計画や予算の状況をチェック

大規模修繕は避けて通れない

新築マンションも十数年経てば大規模修繕が必要になり、その後2回目、3回目の大規模修繕を行います。そのため管理組合では、長期の大規模修繕計画を作成し保管していることが多くなっています。

この計画書はマンションの維持管理のロードマップで、将来どのくらいの費用が必要になり、どのくらい修繕していくかがわかるようになっています。次回の修繕時期についても確認することができます。

大規模修繕のほかにも、耐震性の不足する旧耐震マンションでは、耐震改修工事や建て替えをする可能性があります。余分な費用がかかるだけでなく、住み心地にも大きく関わってくるので、物件選びは慎重に行うようにしましょう。

修繕積立の金額や滞納金の有無は重要

修繕積立金の月額や残高も確認しましょう。デベロッパーが新築マンションを売り出す際、見かけの値ごろ感を出すために管理費や修繕積立金を安く設定することがあります。そのため実際に修繕を行う際、必要な金額に満たず、居住者から数十万円もの一時金を徴収するケースもあるのです。それを避けるために、急激に修繕積立金が値上げとなるケースもよく見られます。

そのほかに気をつけたいのが、前の居住者が積立金を滞納しているケース。購入した物件に滞納があると、それをそのまま引き継ぐことになります。何より滞納という事実を放置してきた管理組合の姿勢そのものに問題があるともいえるでしょう。

■一般的な長期修繕計画の例

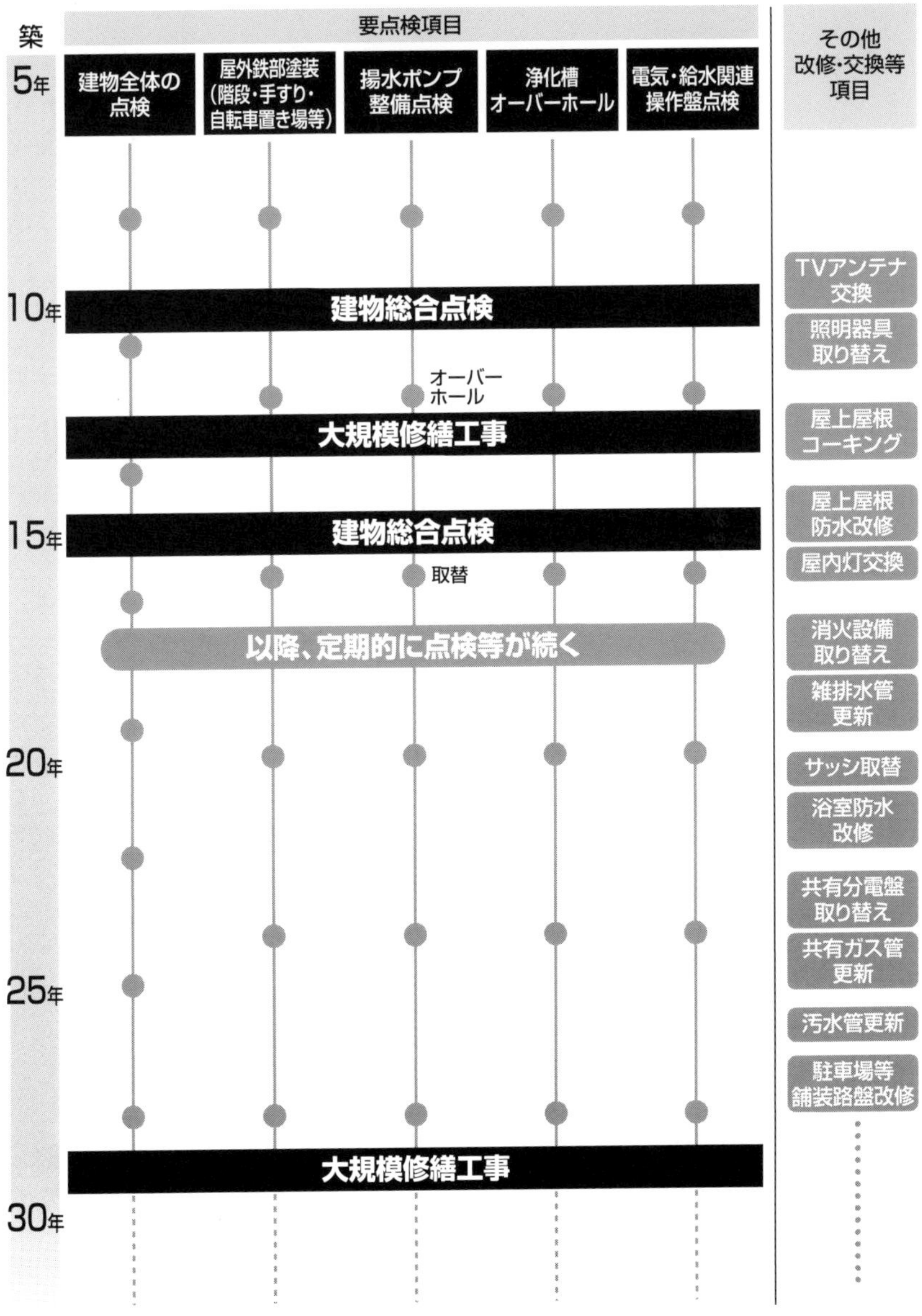

中古マンションの
判別法

将来性1

用途地域の種類によって、未来の住まい環境が見えてくる

マンションの未来を映す「用途地域」

用途地域は、自分の選ぶマンションの未来を読むためのポイントの一つとなります。

日本の都市計画は、土地の利用目的によって、地域を13種類に分けています。これが「用途地域」で、大きく住居系・商業系・工業系があり、建てられる建築物も決められています。「住居専用地域」群では一戸建てや共同住宅、学校、病院、中小規模店舗、事務所など以外は建てられません。閑静で良好な環境での暮らしを維持するための地域といえます。

反対に「商業地域」や「準工業地域」は、店舗やボウリング場などの遊技施設や劇場、工場など街のにぎわいや産業を担う建物の建設が許されているほか、一戸建てやマンションも建てることができます。

商業・準工業地域は環境的に高リスク

住宅ばかりで静かすぎてもつまらない、にぎやかさや便利さ、遊ぶ場所が住まいの周囲にほしいという考えなら、商業地域や準工業地域に建つマンションに住むのも、もちろん一つの選択肢です。将来もし売却することになった場合、商業系地域のマンションなら、駅への近さや買い物のしやすさなどの利便性をウリにできることもあるでしょう。

ただし、これらの地域は住居専用地域よりも街の様相や建築物が変化しやすい特徴があります。マンションの隣の駐車場が大型店舗になり騒音に悩まされたり、新しくできたお店のネオンサインで眠れなくなったりするなど、住む場所としては、リスクがあると思ったほうがいいでしょう。

Check! 用途地域には、その地域が目指す街づくりの方向性が示されている！

住居系

第一種低層住居専用地域
戸建てや低層マンションのほか、教育施設、銭湯、併用店舗は建てられる。

第二種低層住居専用地域
第一種低層住居のほか、コンビニエンスストアなど小規模な店舗も建てられる。

第一種中高層住居専用地域
３階建て以上のマンションのほか、大学、病院、中規模のスーパーも建てられる。

第二種中高層住居専用地域
第一種中高層住居のほか1,500㎡までの店舗、オフィスも可。

第一種住居地域
大規模な店舗・オフィスは制限されるが、ホテルや飲食店、遊技場の建設は可。

第二種住居地域
マンションや大規模オフィスが混在。パチンコ店、自動車教習所なども建てられる。

準住居地域
主に幹線道路沿いで、車庫や駐車場付きファミリーレストランなど、自動車関連施設も建てられる。

田園住居地域
農地や農業関連施設などと調和した、低層住宅の良好な住環境を守る地域。

商業系

近隣商業地域
近隣住居のための店舗、オフィスなどが建てられる。駅前商店街など。

商業地域
デパートや企業オフィス優先の地域。工場も建てられる。都心部の繁華街など。

工業系

準工業地域
環境の悪化をもたらす恐れのない工場が建てられる。マンションもよく建てられる。

工業地域
工業の利便優先の地域。住居は建てられるが学校や病院は建てられない。

工業専用地域
工業の利便を増進する地域。住宅、店舗、学校などは建てられない。

用途地域は、広告や市・区役所の建築課で確認できる！

中古マンションの
判別法

将来性2

道路計画やまとまった土地が住環境を一変させる可能性も!

計画道路が通れば環境は激変

買おうとするマンションの周辺環境がこれからどうなるのか、用途地域のほかに未来を予想する手段として、都市計画道路や、工場跡地などのまとまった土地の有無を確認することも必要です。

一般に計画道路は長期的な展望で計画されることが多く、地図上に線があっても何十年もの間実現しないこともめずらしくありません。もともとコンクリートの建物は計画道路上には建てられないため、暫定的な建築が認められている木造一戸建てのように道路開通時に立ち退かされる危険性はありません。

しかし、近くに計画道路が完成した場合、車の交通量などの周辺環境は激変します。用途地域によってはわい雑な商業地に変化する可能性もあります。終の住処として考え、長く住むつもりであれば、このあたりも注意したほうがよいでしょう。

眺望は高層マンションの資産

かつて、大規模マンションのすぐ南に新たに高層マンションが建ち、日照がほとんどなくなって訴訟問題にまで発展した事件がありました。

最近はこのように極端な日照問題は少なくなってきましたが、高層マンション最大のウリである「眺望」についてはいまだに同様のことが起こっています。「高みからのいい眺め」は将来の売却価格にも反映されるマンションの資産です。それが、後から建った高層マンションの殺風景な外観に取って代わられないために、眺望側にまとまった空き地や駐車場がないか、必ず確認しましょう。

Check! 周辺環境の未来予想図を道路計画図で確認！

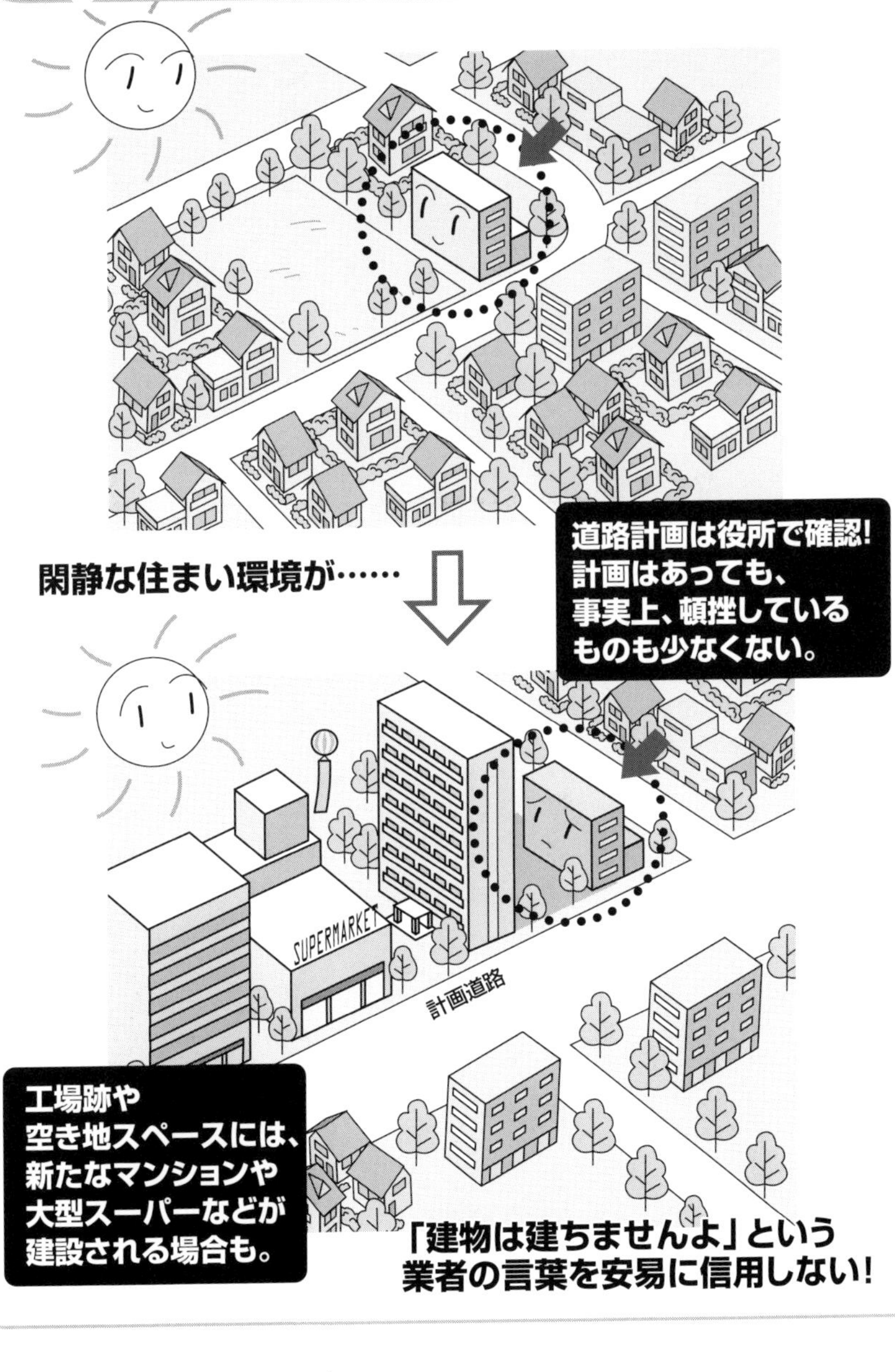

中古マンションの
判別法

資産価値

価格相場だけでなく、資産価値にも注目しよう

物件価格の相場チェックは必須

売出価格がマンションの価値を正しく表しているとは限りません。前述したように、中古マンションの売主は個人、いわば〝素人〟が中心です。不動産会社は売主に対して、値づけの目安は提示しますが、最終的に売出価格を決めるのは売主自身です。

そのため、売出価格には売主の気持ちが少なからず反映されます。「少しでも高く売りたい」という人は強気に、逆に「早く売りたい」という人は控えめな価格で売り出すことが多くなります。こうした価格差を見極めるためにも、左ページのような不動産検索ポータルサイトなどを利用して、同エリアの条件の似た物件がいくらの価格をつけているか、マンションの価格相場をチェックするようにしましょう。

資産価値の落ちない物件選びの重要性

チェックが必要なのは現在の価格相場だけではありません。仮に将来、売却や賃貸に出したときに、どれだけ需要があるのか。つまり「資産価値」の見極めもとても大切です。今は永住するつもりでいても、将来の家族構成や転勤、ライフスタイルの変化によって、住み替えを余儀なくされるケースも出てくるからです。

そうしたときでも、値崩れせずに売れる、あるいは賃貸に出せばすぐ借り手のつくマンションであれば、安心できます。そんな資産価値の落ちないマンションに必要な条件は、「普遍的な要素が優れている、いつまでも多くの人が住みたいと思う物件」であることです。詳しくは左ページを参考にしてください。

Check! 周辺マンションの売出価格を検索し希望物件のお買い得度を確かめよう

■大手不動産検索サイトで価格相場をチェック！

サイト名	URL	主な特徴
スーモ	https://suumo.jp	通常の物件検索項目に加えて、①築25年以上でも住宅ローン控除が使える可能性あり、②内外装が綺麗で保証も付いている、③直近5年以内にリフォーム・リノベーション歴がある、などの絞り込み機能が便利
ライフルホームズ	https://www.homes.co.jp	第三者機関が行ったインスペクション結果を、独自の住宅評価として物件情報とともに公開。また、目的地までの車での移動時間による検索もできる
アットホーム	https://www.athome.co.jp	中古物件の総掲載数では圧倒的に多いが、都市部ではスーモ、ホームズが強く、アットホームは地方に強い傾向がある
ヤフー不動産	https://realestate.yahoo.co.jp	耐震・免震・制震の各構造による検索が可能。他サイトよりも掲載物件数、とくに地方の物件数は少ない傾向にある

■資産価値の落ちないマンションの6つのキーワード

1 立地条件

アクセスのよい最寄り駅から近く、交通利便性が高い。また、静かな住宅街で周辺環境に恵まれていて、買い物などの生活利便性も整っているほか、立地条件が優れている

2 敷地内や共用部のプラン

マンションの敷地や共用部分、とくに基本的な広さや空間の価値は普遍的。マンションの敷地に関するランドプラン（配置計画など）や建物の共用部分にゆとりがあること

3 管理状態

新築時はよい状態だったマンションも、管理が悪いと敷地内の植栽が荒れ、建物も傷み、設備が使えないなど、劣化、陳腐化してしまいマンション価値が下がるので注意！

4 防犯、防災安全性

地震に対する構造（免震や耐震といった構造）や共用部分の防犯性能（複数ロックなど外部からの侵入対策、防犯カメラなどの監視体制など）は簡単に変更できないので注意

5 ブランド力

有名デベロッパーが建てたマンションは安心して購入できるうえに売りやすい傾向。そのイメージを維持するためにあらゆる面に配慮された、優れた物件が多いといえる

6 住戸の広さ

各住戸の専有面積が広いほうがよい傾向。間取りはリフォームで変更できるとしても、住戸の専有面積は変えられないため、住戸の広さが価値基準として挙げられる

中古マンションの 判別法

品質確認

購入前の「住宅診断」で不具合や修繕箇所をチェック

住宅のプロが第三者の目で客観的に検査

２０１８年4月、宅地建物取引業法の改正により、不動産仲介会社は売主に対して住宅診断を行うか否か確認すること、買主に対しては住宅診断を行っているか、またその内容を説明することなどが義務づけられました。住宅診断とは、中古住宅を安心して売買できるように、住宅の専門家が第三者の立場で客観的に検査するもので、ホームインスペクションとも呼ばれます。検査する内容は、住宅の基礎・外壁等の部位に生じているひび割れ、欠損といった劣化や不具合の状況になります。

住宅性能表示制度が建物の構造や火災時の安全性などの観点で検査を行うのに対し、住宅診断では内装や設備なども確認し、不具合があれば修繕時期やその概算費用なども教えてくれます。

実施の有無を購入時の判断材料に

実際の住宅診断では、目視を中心とした非破壊検査（一次的インスペクション）によりトラブルを把握し、その結果を依頼主に報告します。安心Ｒ住宅（38ページ参照）には、この検査を最低限クリアした物件でないと登録できません。なお修繕や補修が必要な不具合が見つかった場合には、さらに詳細な検査を行う「二次的インスペクション」や、リフォーム工事の実施時などには「性能向上インスペクション」を行うこともあります。

注意したいのは、住宅診断は任意なので、実施には売主の同意が必要な点です。また、売主と買主のどちらが費用を負担するかはケースバイケースです。

Check! 住宅診断のしくみを知って安心して購入できる住まいを獲得！

■インスペクション（住宅診断）のイメージ（個人間売買の場合）

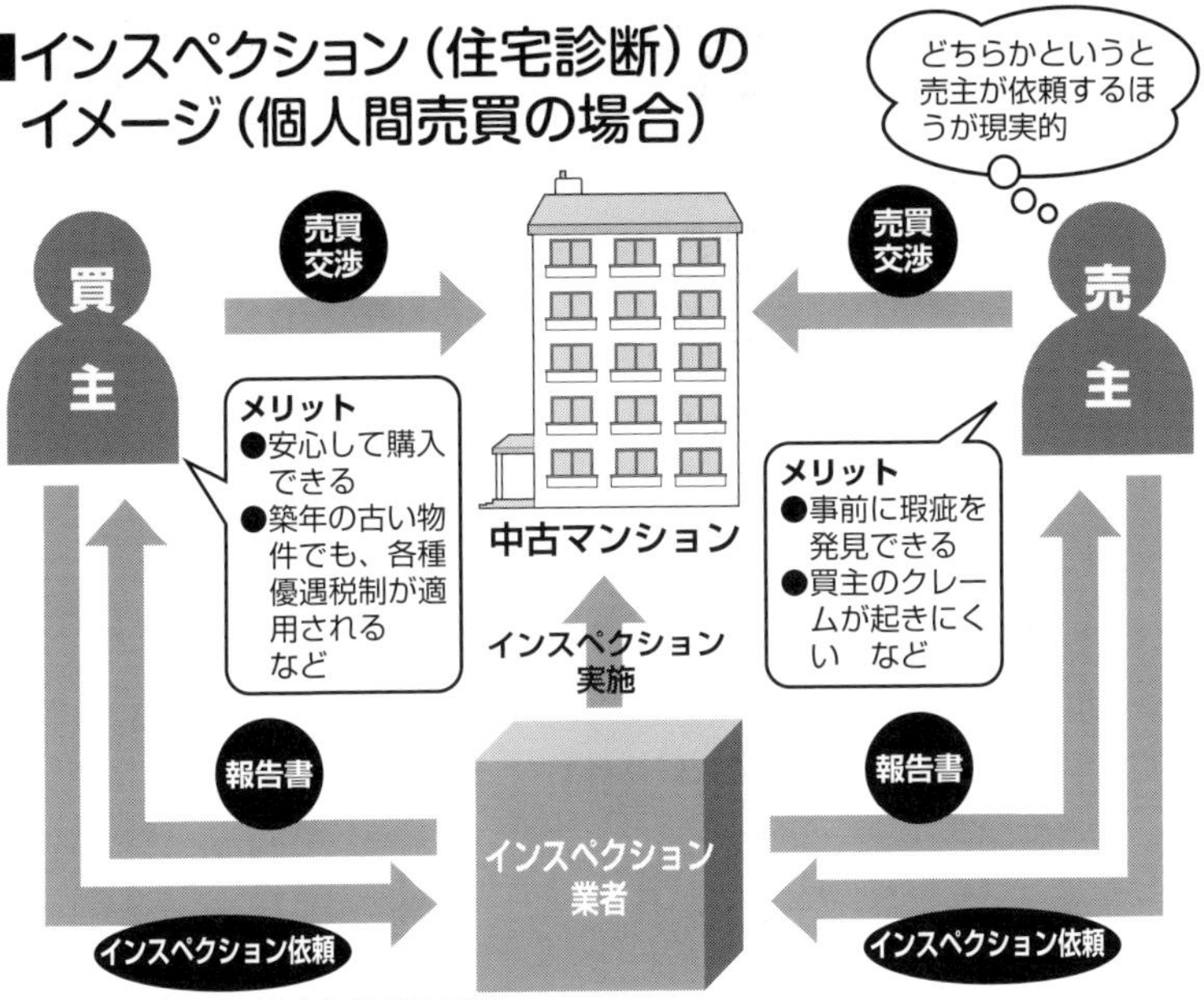

※買主が住宅診断するには売主の了承が必要

■インスペクションとは

	一次的インスペクション	二次的インスペクション	性能向上インスペクション
概要	既存住宅の現況を把握するための基礎的なインスペクション	劣化の生じている範囲や、不具合の原因を把握するための詳細なインスペクション	省エネリフォームやバリアフリーリフォームを実施する際に、住宅性能を把握するためのインスペクション
実施要件	●中古住宅の売買時に補修工事の必要性を把握 ●維持管理のために現況を把握できる	●リフォーム工事前に対象範囲を特定 ●一次的インスペクションで詳細な検査が必要とされた場合	●リフォーム工事の実施時 ●内装、設備リフォームの実施時

COLUMN

民法改正で「瑕疵担保責任」が
新たに「契約不適合責任」に！

2020年4月1日に民法が改正・施行されました。この改正では不動産に関係する部分も多数改正されましたが、なかでも売買に関係する改正点として、従来の「瑕疵担保責任（かしたんぽせきにん）」が新たに「契約不適合責任（けいやくふてきごうせきにん）」に改められました。

契約不適合責任とは、不動産の売買契約などにおいて売主が買主に引き渡した目的物が、その種類・品質・数量にかかわらず「契約内容に適合していない」と判断された場合、債務不履行となり、売主が買主に対して負う責任となります。

これまでの瑕疵担保責任では、隠れた瑕疵に対する責任であるのに対し、契約不適合責任では、隠れた瑕疵に限らず、契約内容に合っていない場合に責任を負うことになり、売主責任の範囲が広がったのです。

瑕疵担保責任では、隠れた瑕疵があった場合、買主は売主に対して求めることができたのは、損害賠償請求と契約解除で、補修や代替物等の請求や売買代金の減額を要求することはできませんでした。これが、今回の改正により契約不適合責任となったことで、「損害賠償請求」と「契約解除」に加え、「追完請求（補修請求）」「代金減額請求」「無催告解除」「催告解除」が可能になりました。

詳しくは214ページでお話ししますが、この改正によって、売主側は売買の目的物にどのような不備があり、その不備に対して責任は負わない旨を売買契約書に詳しく記載することが非常に重要になりました。

一方、買主側にとっては、請求等の範囲が広がりましたが、一般的に契約書には売主が責任を負う期間が定められていますので、万一、不具合があった場合にその期間内に請求できるよう引渡し後は速やかに不具合等の確認をするように心がけましょう。

第4章

中古マンションのリフォームはここまでできる!

中古マンションの
リフォーム

リフォームでもっと豊かになる中古マンションの暮らし

歴史の中で新たに住まう魅力

住まいを購入する、それは新たなライフスタイルを手に入れることです。そして、それが中古マンションなら、建物にはそこに住む人が刻んできた歴史があり、新築にはない風格があります。そう考えると、新築とは違う魅力があるのではないでしょうか。

中古マンションのリフォームは、そんな風格ある建物に、あなた自身の個性を書き加えていく行為ともいえます。今まで夢に描いていたライフスタイルや未来を実現するチャンスともいえるのです。

リフォームが住まいの価値を高める

暮らしやすさの追求や快適な集住環境の維持は、マンション自体の資産価値を高めることにつながります。欧米諸国では築数十年、数百年の住宅がリフォームを繰り返しながら住み続けられ、そのことが価値あることとされています。建物や環境に魅力があって、維持管理がきちんとなされていれば、中古であることが価値になるという考え方もあるのです。

そんな魅力あるリフォームの成功には、まずは慎重なリフォーム会社選びが大切です。インターネットで探したり、過去に利用した人の話を聞いたりと、探す方法はいろいろですが、ポイントは水回りが得意なところや、デザインが得意なところなど、自分の思い描くリフォームを実現してくれる会社を選ぶことです。

そして、最大のポイントは実際に店舗を訪れてみること。仕事場の雰囲気や接客態度で、おおよその信頼性を測れるものです。

Check! リフォーム会社の個性を見極めて、自分に合った依頼先を選ぼう！

■リフォームの主な依頼先とメリット・デメリット

依頼先	メリット	デメリット
大手メーカー・ゼネコン系子会社	◎しっかりした保証システム ◎専門のコーディネーターがいて任せられる	◎商品は自社のものが中心 ◎価格が割高 ◎担当者の能力にばらつきがある
リフォーム会社	◎専門会社ならではの提案 ◎商品の選択肢が多い ◎大手より価格が安め	◎玉石混淆で選びにくい ◎施工や商品に関する保証の確認が必要
地域の工務店	◎地元ならではの安心感 ◎利用した人が近くにいれば感想を聞ける ◎価格が安い	◎保証の確認は必須 ◎リフォームの実績があるかの確認が必要 ◎コーディネートや提案はあまり期待できない

プロからのアドバイス

いわゆる悪徳リフォーム業者の中には、仮の事務所に一時的に電話だけ引き、用が済めば次の目的地へ転々と移動していくところもあります。事業をきちんと行っているかどうかを確かめるためにも、必ず一度は自分自身で店舗に出向きましょう。

中古マンションの
リフォーム

リフォームの流れを知って夢の住まいを手に入れよう！

施主の夢が新たな環境をつくる

クロスの張り替えから壁を取り払う大工事まで、リフォームの対象は多岐にわたります。本書では、新しい住まい環境をつくるという、どちらかといえば大きめの工事を想定して話を進めます。

扉を開ければ以前とまったく異なる空間……これはいうなれば新しい家を一軒建てるのと同じです。壁式工法の建物以外なら間仕切り壁を全部なくしてしまえるほど、マンションリフォームには自由な側面があります。そして、リフォームの成功には、施主の積極的な姿勢も不可欠です。

物件購入とあわせてスケジュールを組む

大がかりな工事をするのであれば、購入する物件探しと同時進行でリフォーム会社も探しておくのが賢明です。購入を決める前に一緒に物件を見れば、希望どおりのリフォームができるか判断してもらえますし、購入物件の引渡し直後にリフォームを開始することができるので、効率的でもあります。

リフォームを託す業者候補は複数選び、相見積もりをとります。見積書には、専門用語が使われていることがしばしばあります。わからなければ、遠慮せずにどんどん質問することです。そこで、きちんと答えられなかったり、「どこもこんなものですよ」と契約を急がせたりするような業者は選ぶべきではありません。

業者の選定後は再度示された提案を検討。ブラッシュアップを何度か繰り返しながら、最終的なプランへとたどりつきます。

Check! 暮らすのは自分自身！ 業者任せにせず、積極的に関わろう

■一般的なリフォームの流れ

STEP 1 依頼先候補を複数選ぶ

◎広告・チラシ・インターネットなどを活用。
◎1社に絞らず、必ず複数を比較検討すること。

▼

STEP 2 依頼先に連絡し、ヒアリングと調査、見積もり依頼

◎希望は納得できるまで十分に、かつ率直に伝える。
◎話をよく聞かない業者は×。

▼

STEP 3 各社の見積書を検討

◎価格のみに目を奪われず、商品や施工の内容をチェック。
◎不明点はわかるまで質問し答えてもらう。

▼

STEP 4 業者決定・プランニング

◎依頼を決めた業者と具体的な話し合いを開始。
◎商品の選定や施工内容を、価格や工期も考慮して詰める。

▼

STEP 5 設　計

◎プランニングをもとに業者が設計・見積もり。プレゼンテーションを見て確認。
◎アフターサービスを確認。

▼

STEP 6 契　約

◎業務の範囲とスケジュールなどをよく確認。

▼

STEP 7 施　工

◎管理組合に事前許可が必要になる場合が多いので注意。
◎近隣住民への気配りも忘れずに。

▼

STEP 8 竣　工

◎十分な検査・確認をし、納得できない施工があれば、その場で申し出て直してもらう。修正が終わるまで料金は支払わないこと。

▼

STEP 9 引渡し

◎工事箇所の最終検査・確認を行い、問題がなければ料金を支払う。
◎保証書もこのとき発行される。

中古マンションのリフォーム

忘れてはいけない住人へのマナーと気配り

共同体の一員として

希望をかなえるリフォームは楽しい作業であるとともに、心身ともに負担がかかる作業ともいえます。マンションで行うリフォームは、近隣に対するマナー、気配りが最重要項目の一つです。大勢の作業員が出入りするストレス、大きな音やどうしても漏れてくる塗料のにおいは、当事者以外の住人には我慢の対象そのものなのです。

工事の前には管理組合への届出や掲示板にお知らせを貼り出しての告知はもちろん、上下左右斜めの部屋の住人には、業者からの挨拶だけでなく、あなた自身が必ず訪れてきちんと挨拶しましょう。ちょっとした心遣いで、大きなトラブルを事前に防げることは少なくありません。

施主と作業者を結ぶのは信頼感

住みながら進めるリフォームの場合、ホコリや音はもちろん、見ず知らずの職人が朝から一日中部屋の中にいて作業をします。昼間家にいる家族の負担は相当なものです。

その負担を軽くするのは、コミュニケーションとお互いの信頼です。作業で気になる点があったとき、担当者を通じてすぐはっきりさせる一方、職人の方へも配慮することで、施主も職人も心持ちが違ってくるものです。

そして、相手からの明快な答えは、そのまま信頼感につながります。逆に腕を信用されたら必ずこたえたくなるのが、いわゆる「職人気質」というものです。お互いによい人間関係を結びましょう。

Check! 気持ちよくリフォームするために周囲や関係者への気配りを万全に

■施主として気をつけたい！ ポイント一覧

◎管理組合に対しては

- ●管理規約をよく確認し、抵触するリフォームは計画しないようにする。ただし、あらかじめ規約変更を申し出て、総会で承認されれば規約変更できることも
- ●規約で定められた手続きをよく確認しておく
- ●組合の理事会に図面および工事内容の詳細、工事スケジュールを提出し、承認を受けてから工事を開始する

◎周囲の居住者に対しては

- ●リフォームする部屋の上下左右斜めの住戸の居住者にリフォームすることを説明し、承認の印鑑をもらう
- ●工事に入る前には挨拶回りを行う
- ●工事中はマンションの掲示板に、管理組合を通してリフォーム中である旨のお知らせを掲示する
- ●早朝や夜遅く、土日・祝日は工事をしない
- ●騒音がひどい工事は避ける

◎リフォーム業者に対しては

- ●要望は職人ではなく、担当者や現場監督に申し出る
- ●工事内容については、きちんとした契約書を作成する
- ●選んだリフォーム会社を基本的に信頼すること。気持ちが伝われば相手も熱意を持って仕事をしてくれる

中古マンションの

リフォーム

いくらかかる？ どこにこだわる？ リフォーム予算の考え方

コストを重視するか、質を重視するか

予算を考えるとき、誰もが「よいものをより安く」と思うはずです。しかし実際には「コスト重視」、コストより「使い勝手・デザイン重視」「一部品質重視、一部コスト重視」というように自分のスタンスをどこかに決めなければなりません。

予算は採用する商品の価格や施工内容など、さまざまな要素によって決まります。どこに予算の重点を置くかを頭に入れながら見積書を見比べてみると、A社はコスト重視、B社は高品質がウリ、というように業者の特徴も見えてくるはずです。

物件価格との兼ね合いは？

物件の購入後すぐにリフォームしたいと考えているなら、大まかな予算枠を決め、「物件購入費用」と「リフォーム費用」に割り振っておくことをおすすめします。その理由は、予想外にリフォーム費用がかさんでその後の生活が苦しくなったり、物件購入につぎ込みすぎて、リフォームに資金を回せなくなったりするのを防ぐためです。

一般に「物件の購入費用（＋リフォーム費用）は年収の5倍程度」といわれます。年収６００万円の人なら、ざっと３０００万円です。「築年の浅い２９００万円の物件」で「１００万円で内装をリフォーム」というパターンもあれば、「築20年・２０００万円の物件」で「１０００万円のフルリフォーム」というパターンもあります。

こうしたイメージをつくっておくと、物件を探す際の目安にもなります。

Check! 価格の基準がないといわれるリフォームは「何を優先するか」が重要

■主なリフォーム費用の目安

リビング・居室	
天井・壁のクロス張り替え（10畳）	10万～20万円
フローリングの張り替え（10畳）	30万～50万円
間取り変更	5万～25万円/㎡
可動間仕切りの設置	25万～50万円
和室を洋室に変更	120万円～

キッチン	
システムキッチンＩ型	50万～120万円
システムキッチンL型	70万～150万円
システムキッチン ペニンシュラ型	100万～200万円
システムキッチン アイランド型	110万～200万円
従来型から システムキッチンに	60万～200万円
レンジフードの交換	15万～20万円
ガスコンロからIHコンロに	20万～50万円

トイレ	
便器のみ交換（洋式から洋式）	20万～30万円
温水洗浄便座の設置	10万～15万円
手洗い器の設置	10万～20万円
壁紙張り替え	5万～10万円
クッションフロア張り替え	5万～10万円

バスルーム・洗面台	
ユニットバス全体の交換	100万～200万円
浴槽の交換	15万～60万円
ドア交換	5万～15万円
内装工事（床・壁のタイル張り）	20万～50万円
追い焚き機能の後付け	40万～100万円
浴室暖房乾燥機の後付け	50万～60万円
洗面化粧台 シンプル	10万～40万円
洗面化粧台 スタンダード	20万～65万円
洗面化粧台 ハイグレード	50万～100万円

その他	
コンセントの増設	3万～5万円/箇所
手すりの設置 ※形状や箇所による	1万～3万円/m
段差解消 ※箇所や広さによる	1万～200万円
玄関床 フロアタイルに張り替え	6万～8万円/7㎡
壁面収納の設置	30万～60万円
網戸の張り替え	5千円～/枚

※工事費を含んだ金額です
※金額はグレードや工事内容・期間によって異なります
※手すりの設置やバリアフリー化を目的とした工事については補助金の対象になる場合があります

■当初決定した工事費以外にかかりやすい費用の例

◎仮住まいへの引越し費用、家賃
◎仮住まい中の荷物預かり料金（トランクルーム）
◎仮住まいから現場チェックに行く際の交通費
◎仮住まいから新しい住まいへの引越し費用
◎工事用車両の駐車料金
◎追加工事費
◎職人さん用の茶菓子代
など

中古マンションの

リフォーム

購入と同時リフォームの賢い資金の借り方と考え方

2つのローン、どっちがお得?

中古マンションの購入と同時にリフォームを行う場合、資金の調達方法として「自己資金で賄う」「リフォームローンを利用する」「リフォームローンと一帯型の住宅ローンを利用する」の３つの選択肢があります。詳しくは１８０ページでお話ししますが、リフォームローンは概ね住宅ローンより１〜３％程度金利が高いのが一般的です。

そのため、「住宅ローン＋リフォームローン」の２本に分けて借りるより、「リフォームローンと一帯型の住宅ローン」にしたほうが、金利が低く済み、融資額も多く受けることができます（ただし、事前にリフォーム費用の確定が必要）。

いずれにしても、大がかりなリフォームや、近い将来、必要となるリフォームについては、できるだけ購入と同時に済ませてしまいたいものです。とくに現在は超低金利時代。将来、リフォームのために仮住まいの費用が発生するくらいなら、融資を受けて、引越し前にリフォームを行っても、コスト的には大きな差にはならないはずです。

融資が返済リスクを下げることも

一方で、利息を少しでも少なく済ませたいという思いから、自己資金を使い切らないようにしてください。リフォーム等で資金がゼロになった直後、親の介護が必要になったり、勤務先の状況が変わり収入が減るなど、急な資金不足になった人もいます。

あえて融資を受けて、手元に自己資金を残しておくのも、返済リスクを下げる一つの考え方です。

Check! 購入と同時にリフォームする場合と、数年後にリフォームする場合を比較！

■総額300万円でリフォームする場合を見てみよう

◎リフォーム内容

- キッチンの入れ替え
（対面式キッチンの設置など）…………… **150万円**
- 浴室、洗面所などの水回り、一部の内装リフォーム
（壁、天井クロス張り替え）…………… **150万円**

総額 300万円

水回りは配管が傷んでいることもあるので、まとめてリフォームするのが効率的

〈購入と同時に実施〉

リフォームローンを利用して、今の住居に住みながら、引越し前にリフォームを実施

リフォームローンの返済利息

固定金利:2.5%
借入金:300万円
返済期間:10年（ボーナス払いなし）
返済利息:39万3,661円

＋

現在の賃料（2カ月分）:20万円

＝

約60万円

〈購入から5年後に実施〉

リフォーム費用を自己資金で払ったとしても、工事のために引越し代2回ぶんが発生

リフォームローンの返済利息:0円

＋

賃貸マンションの仮住まい費用

敷金＋礼金＋仲介手数料:30万円
賃料（2カ月ぶん）:20万円
引越し代（2回ぶん）:20万円

＝

約70万円

さらに、購入直後にリフォームローンと一体型の住宅ローン（180ページ参照）を利用すると、金利が大幅に低くなり、返済利息が上記の半分以下で済むことも！

中古マンションの
リフォーム

リフォーム減税の適用しだいではローンのほうがお得なケースも

リフォーム費用の一部は減税で賄える

リフォームには各種減税制度が用意されています。リフォーム内容等によって、時限措置ではありますが、所得税、固定資産税などの軽減措置（控除）を受けられます。仮にリフォームで３００万円かかっても、30万円の減税なら、実質２７０万円でリフォームを行えるということです。

減税の対象となるリフォームは、主に「耐震」「省エネ」「バリアフリー」「同居対応」「長期優良住宅化」の5種類です。この中でマンションのリフォームで関係する可能性の高いのはバリアフリーリフォームでしょう。バリアフリーリフォームの所得税に対する減税額は、現金で支払った人とローンを組んだ人で異なり、前者は最大20万円（控除期間１年）、後者は最大１４０万円（年間控除額上限14万円×控除期間10年）です。

リフォームでも住宅ローン控除が使える

ローンを利用しないリフォームの減税措置はバリアフリーなど特定の工事でなければ、適用にならないことが多く、該当しない場合は利用できません。

一方、住宅ローン控除では、増改築工事についてはバリアフリーや省エネなど以外でもある程度規模の大きなリフォームであれば要件を満たすことができ、使い勝手のよい減税措置となっています。

また、減税措置以外にも、国や都道府県、市区町村などがバリアフリーや耐震化工事など特定の増改築であれば給付される補助金もあるので、事前に調べてうまく活用するようにしましょう。

Check! 中古マンションのリフォーム前に知っておきたい減税制度

■バリアフリーリフォームしたときの所得税減税

控除の種類	住宅特定改修特別税額控除 （ローンを利用しない場合）	住宅借入金等特別控除 （ローンを利用する場合）
居住開始日	2023年12月末まで	2025年12月末まで
特別控除の内容	A.所定のバリアフリー改修工事で50万円超200万円までの工事費用相当額の10％を控除 B.以下の①と②の合計額（1,000万円からAの金額を控除した金額を限度）の5％を控除 ①Aの工事費用相当額の200万円超の部分 ②A以外の一定の増改築等の200万円までを限度とする費用の額	個人が住宅ローン等を利用して自宅の増改築等をした場合、住宅ローン等の年末残高の0.7％を最大10年間、所得税額から控除 借入限度額:2,000万円 年間最大控除額:14万円
控除期間	1年間	最長10年間
主な要件	◎所有者が自宅用に使用する家屋 ◎引渡し又は工事完了から6カ月以内に居住 ◎床面積50㎡（登記簿上）以上 ◎以下のいずれかに該当 ①50歳以上、②要介護又は要支援の認定を受けている、③障害者、④65歳以上又は②もしくは③に該当する親族と同居している ◎合計所得金額が3,000万円以下 ※住宅借入金等特別控除との併用は不可	◎所有者が自宅用に使用する家屋 ◎引渡し又は工事完了から6カ月以内に居住 ◎床面積50㎡（登記簿上）以上 ◎増改築等の額（その増改築等の費用に関し補助金等の交付を受ける場合はその額を控除した額）が100万円を超え、その2分の1以上の額が自己居住用部分の工事費用 ◎合計所得額が2,000万円以下 ◎所定の期間内に所定の特例を受けていない
対象となる主な工事	◎通路又は出入口の拡幅 ◎階段の設置又は改良で勾配を緩和 ◎浴室やトイレ、戸の改良 ◎手すりの設置 ◎床の段差解消 ◎床の素材を滑りにくいものに改良 ※上記Bの②の工事については住宅借入金等特別控除の対象工事と同じ	◎マンションなどで区分所有する部分の床、階段又は壁の過半について行う一定の修繕・模様替え ◎家屋のうち居室、調理室、浴室、便所、洗面所、納戸、玄関又は廊下の一室の床又は壁の全部について行う修繕・模様替え ◎上記以外の一定のバリアフリー改修工事 ◎上記以外の一定の省エネ改修工事

■リフォーム資金贈与時の贈与税の非課税制度

2023年12月31日までに父母や祖父母などから自宅の増改築等のための資金贈与を受け、要件を満たしている場合、下記の限度額まで贈与税が非課税。

非課税限度額	省エネ性能や耐震性能、高齢者等への配慮が高い住宅:1,000万円まで 上記以外の住宅:500万円まで
受贈者の要件	◎直系卑属で贈与を受けた年の1月1日において18歳以上 ◎贈与を受けた年の合計所得金額が2,000万円以下 ◎一定の特別の関係にある人から取得した住宅でないなど8つの要件を満たしている
リフォームの要件	◎増改築後の住宅の登記簿上の床面積が40㎡以上240㎡以下 ◎上記の床面積のうち、1/2以上が受贈者の居住用 ◎自己が所有し、居住している住宅に行った増改築で、「確認済証」や「検査済証」「増改築等工事証明書」などの書類で証明されたもの ◎工事費用が100万円以上で、このうち居住部分にかかる費用が1/2以上、など

中古マンションのリフォーム

間取り

室内全体がガラリと変わる間取り変更はリフォームの華

ほとんどの壁を撤去できる自由さ

間取りにはそのマンションが建てられた時代の主なライフスタイルが反映されています。そのため、ある程度の築年数を経たマンションの室内を見ると違和感があることもありますが、ほとんどの中古マンションでは間仕切り壁を撤去することによる間取り変更リフォームが可能です。

コンクリートの構造壁とパイプスペース（ＰＳ）、ダクトスペース（ＤＳ）以外の間仕切り用の壁は、基本的に撤去や、位置の移動ができます。柱などの移動ができない木造在来工法の一戸建て住宅と比べて、マンションのリフォームのほうが自由度が高いといわれるゆえんです。

しかし、壁の中には電気の配線やガス配管がなされていますから、撤去や移動をした後にそれらをどうするかは検討しなければなりません。

壁にじかに接している床と天井の改修も当然必要になってきますし、ドアの位置や開き勝手も影響を受けてきます。予算もかかるので、壁の撤去は慎重に考えたいリフォーム項目です。

南側に広い空間を獲得

壁を撤去しての間取り変更でポピュラーなのは、南側に面して並列する2室の間仕切り壁を取り去って、広い空間にするケースです。

ワンルームのリビングダイニングにすることが多いようですが、可動式の家具を間仕切りとして活用することで、開放感のある新たな間取りにした例もあります。

実例で見る、中古のリフォーム ここがポイント！

■成長した子どものために、「和室2室」＋「リビング」を「子ども室」＋「リビングダイニング」へ

■古いタイプの「2DK」を「ワンルーム」へ。クローゼドキッチンをオープンにしてさらに広々とした空間に

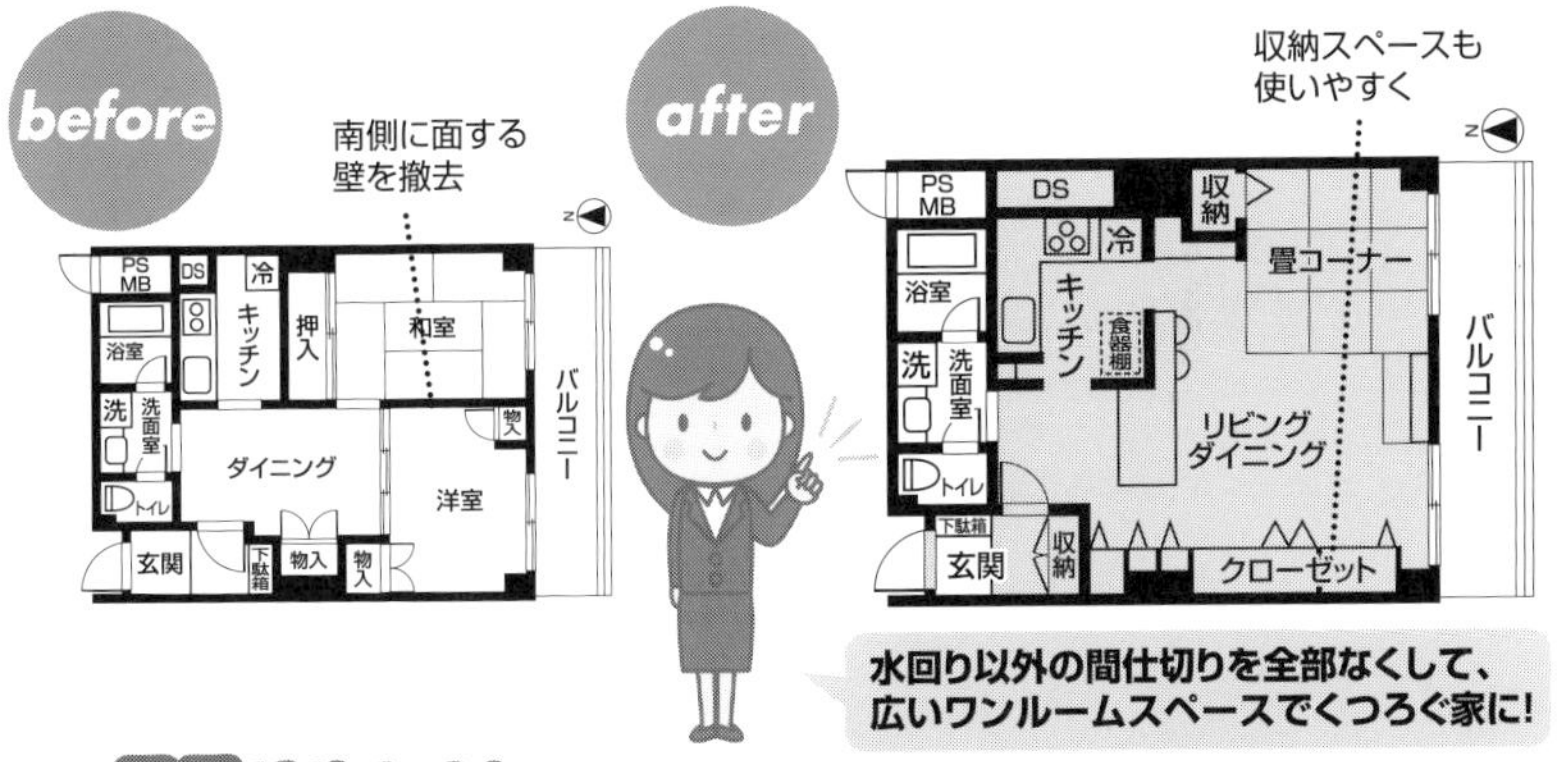

ここがポイント！

！ 間仕切り壁は、撤去するのもつくるのも自由自在！

タイル貼りのダイニングに掃き出し窓と鉢植えが程よくマッチし、縁側でくつろいでいるような心地よさ

物置部屋になっていた和室を取り込み ノスタルジックな広々としたリビングに

キッチン・ダイニングの壁や床のタイルはさざなみをイメージ。ノスタルジックな中にも華やかさのあるモダンな土間空間に

玄関ホールとリビングをつなぐ引き戸をフルオープンすると、写真のような一体化した空間に。まるでワンルームのような使い心地

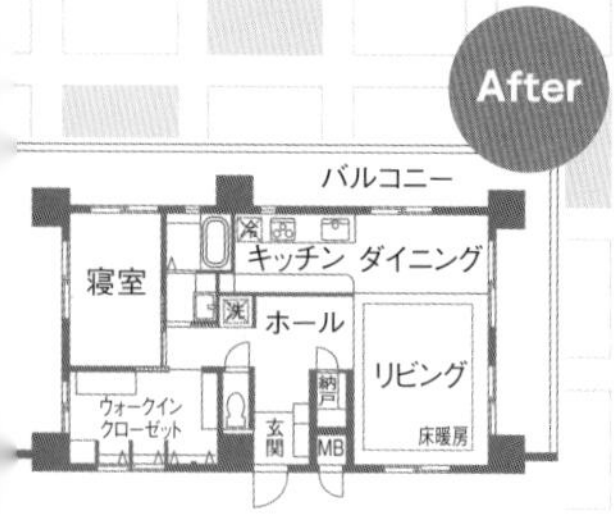

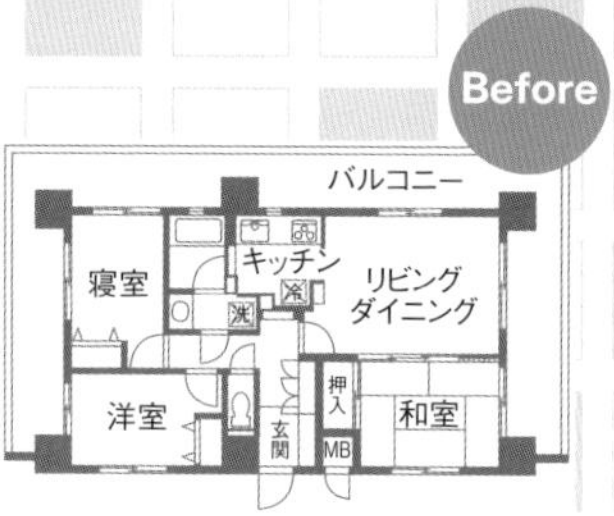

DATA

◇築年数：21年
◇リフォーム内容：全面リフォーム
◇工事費用：1,122万円（税込み）
※写真以外の工事費用も含む

「半独立型キッチン＋LD」の間取りを木の温もりのある和モダンなＬＤＫに

和室をなくしてLDに取り込み、壁面には本棚を造作。壁に囲まれていたキッチンもLDに移設し、一体感のある広々としたLDKに。天井高をあえて下げ、横の広がりを創出するとともに、冷暖房効率もアップ

ウォールナットの無垢床と味わい深い格子戸が印象的なダイニングと、美しい木目柄のオーダーキッチン。キッチンの床は丈夫で手入れのしやすいタイル張りに

DATA

◇築年数：25年
◇リフォーム内容：全面リフォーム
◇工事費用：1,971万円（税込み）
※写真以外の工事費用も含む

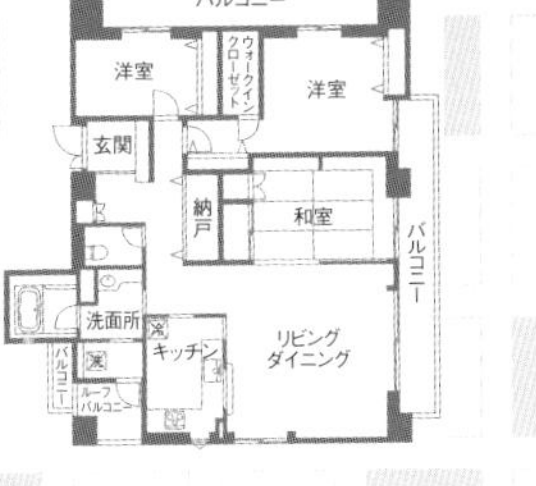

以前のキッチンスペースには、趣味を楽しむための防音室を新設。天井高を確保するため、部屋の形状に合わせて設置できるフリータイプを採用

 ※リフォーム設計・施工会社：東京ガスリノベーション株式会社（連絡先・問い合わせ事例番号は222ページ）

キッチン

スタイルは人それぞれ！使いやすく、自分らしいプランに

位置は変えずに、スタイルは使う人本位で

キッチンは使う人のこだわりが強くあらわれる箇所の一つです。何が不便でどうしたいのか、譲れないのはどこか、きちんと整理しましょう。

延長管を使えば配管類の移動も可能ですが、給水系はともかく、排水系の曲がりが増えるのはトラブルの元です。水回り関連のリフォームの原則どおり、位置の変更は向きを変える程度と考えるのが、キッチンリフォームでも望ましいといえます。

I型やL型、対面型といったスタイルの中から、使う人の動線に合ったキッチンをプランします。システムキッチンを選ぶときは、色や使い勝手のほかにメンテナンスや掃除のしやすさも考えましょう。必ずショールームに行って、自分に合ったシステムに組み直します。カタログの標準仕様と実際に使う人の動線とは違って当然だからです。

どんなタイプ？　我が家のキッチン

家族の「食」を支える重要スペースは、何より使いやすく清潔、快適にしたいものです。

それに加えて誰がどのように使うのか、見せるキッチンなのか、あくまでも裏の厨房として隠すのか。こうした室内空間における位置づけによって、キッチンの姿形はまったく変わってきます。

みんなで毎日料理を楽しむ家ならリビングの中心にアイランド型キッチンを配置してもいいですし、調理の様子を見せたくないなら、壁で囲った独立閉鎖型のキッチンを。バーカウンターを置いてくつろぎ空間を演出するのもありです。

実例で見る、中古のリフォームここがポイント！

■みんなで食事を楽しむなら、通常のL型から対面式キッチンへ

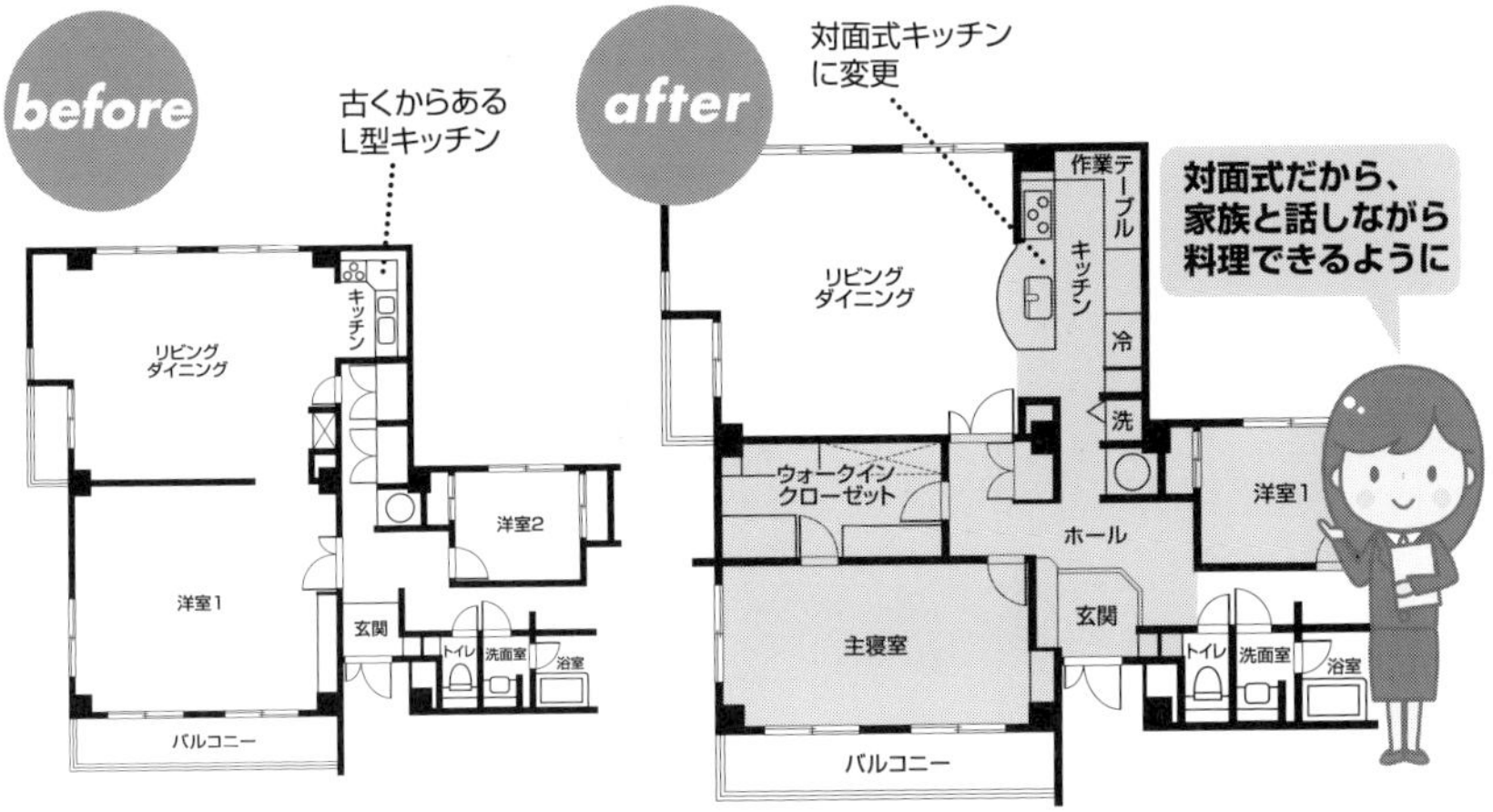

■独立したダイニングをリビングダイニングに。バーカウンターでくつろぎ感をアップ

ここがポイント！

！ 水回りの位置は向きの変更程度にとどめ、好みのキッチンタイプに

透明感と硬質感が美しいワークトップのキッチンに、専門店で購入した深い木目の天板をダイニングテーブルとして造作。ウォールナットのフローリングとの絶妙なコラボ

深みのあるグリーンが映える
リビングと一体化した大人デザイン

Before

来客者をもてなしながら作業のできる対面式オープンキッチンを採用。独立型キッチンの壁を取り払って向きを90度変え、リビングに取り込むことで開放感のある空間

DATA

◇築年数：22年
◇リフォーム内容：全面リフォーム
◇工事費用：1,530万円（税込み）
※写真以外の工事費用も含む

住まいの中央にアイランド型キッチンを配置
居住間の動線も大きく改善

アイランド型キッチンにし、キッチンと和室リビングを段差なくつなげ、明るさ、風通し、安全性に優れた空間に

キッチンを中央部に配置することに伴い、階下への排水音やレンジフードの排気経路に注意しながら、水回りの移動も行った

背面収納の並びにパントリーを設置。キッチンの扉と同じ柄で造作

キッチンとひと続きの和室リビングのカーテンボックスには、スクリーンが収められていて、ホームシアターを楽しめる

DATA

◇築年数：17年
◇リフォーム内容：中古を購入してリフォーム
◇工事費用：1,249万円（税込み）
※写真以外の工事費用も含む

※リフォーム設計・施工会社：東京ガスリノベーション株式会社（連絡先・問い合わせ事例番号は222ページ）

中古マンションの リフォーム

バスルーム

ユニットまるごとの交換で新築同様のくつろぎを

基本は「ユニットまるごと」

日本人は世界でも有数のお風呂好きです。実際、住まいの中でもバスルームにこだわる人は多いのです。一日の疲れを癒す「くつろぎの場」として大切に考えたい場所でもあります。

マンションは多くがユニットバスで、入り口の10cmほどの段差を跨いで入るタイプがほとんど。一体構造なので浴槽だけの交換はできないことが多く、リフォームはユニットまるごとが基本です。築年数が経った物件では、バランス釜のお風呂も見られますが、この場合は通常の浴槽交換が可能です。

各メーカーがさまざまなサイズの、システムに工夫を凝らした商品をそろえています。ジェットバスや霧状のシャワーなど快適追求パーツのほか、入り口の段差解消や滑りにくい床など、バリアフリーやユニバーサルデザインの考え方が随所に見られます。

ワンルームで広々の水回り空間

配管について考えれば水回り位置自体の移動はなるべく避けたいところです。新たに大きな窓をつくるなどのリフォームはほとんどできないのが実情です。ただし、間仕切り壁を撤去して洗面所やトイレとバスをワンルームにまとめるなどの工夫で、広々とした空間を得ることはできます。

また、バスルームでは安全についてもよく考えたいものです。リフォーム時には手すりの検討をお忘れなく。現時点で不要であれば無理につける必要はありませんが、将来、簡単に設置できるよう、壁の中に下地だけでも入れておくと安心です。

実例で見る、中古のリフォーム ここがポイント！

■浴室の壁はガラス張り、トイレの扉を取り払い 浴室・トイレ・洗面スペースを一体化

■バランス釜から壁貫通型に変更し 浴槽スペースをぐんと広く

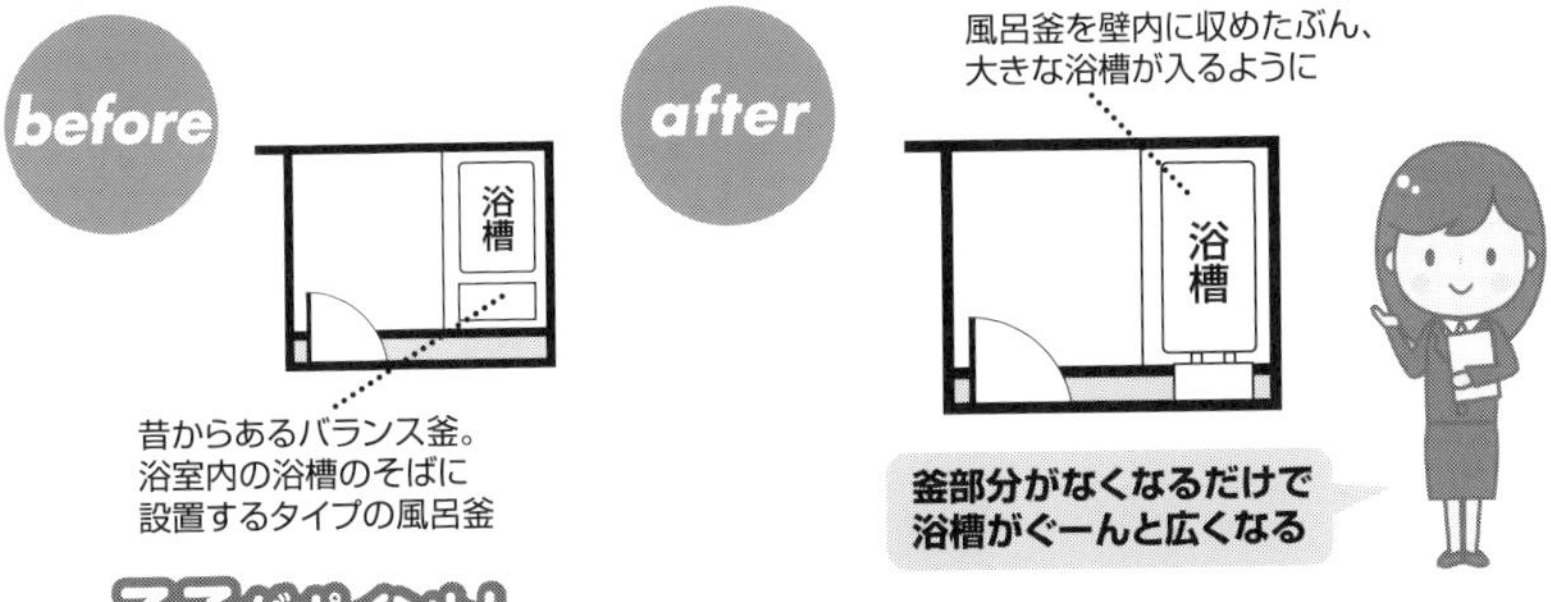

ここがポイント！

！ ユニットバスは規格が決まっているため、設置できるサイズに制約のある場合も

バス・サニタリー

部位別にテーマカラーを設定し お洒落で快適な水回りに変身

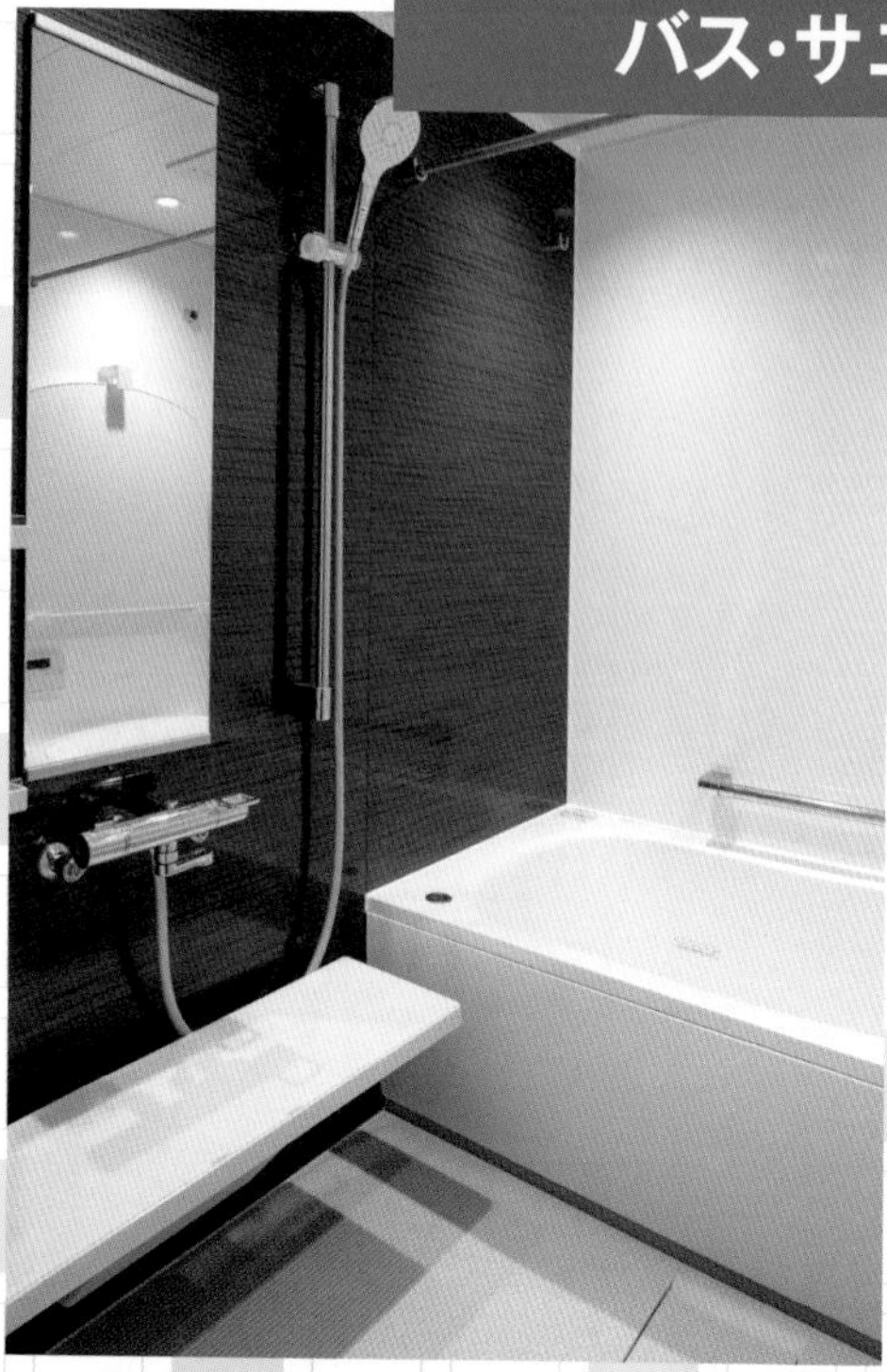

浴室は海をイメージしたブルー基調。清潔感のあるスッキリとした空間に

洗面回りは収納を重視し、広々としたスペースを確保。浴室と同じブルー基調とし、洗面台も淡い水色に

トイレはパキッとしたオレンジを使い、明るい雰囲気に

DATA

◇築年数：19年
◇リフォーム内容：全面リフォーム
◇工事費用：1,209万円（税込み）
※写真以外の工事費用も含む

洗面台は造作によるもの。下部はオープン収納になっている。モザイクタイル等のイメージに合わせて、水栓もレトロ調のデザインに

隅付型のトイレとし、スペースを有効活用。広さの感じられる空間に

独立していたサニタリーをワンルームにまとめて広々とした開放感のある空間に

Before

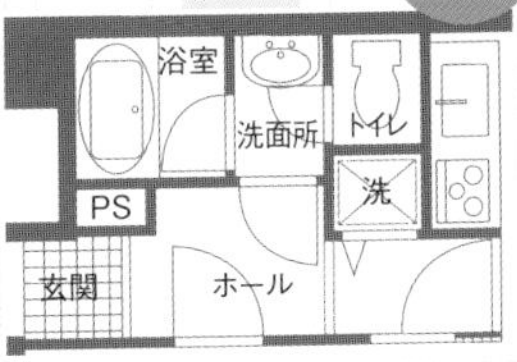

After

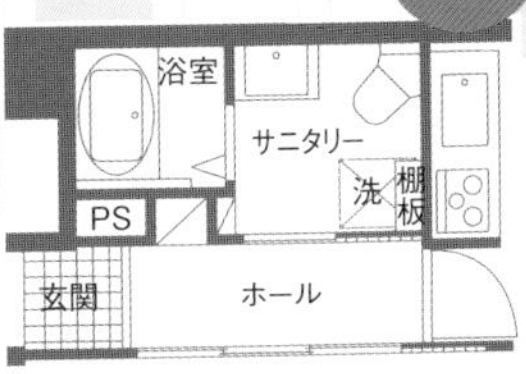

サニタリー内と玄関ホールに天井高の可動棚を造作。棚の高さを変えられるため、いろいろな物を収納できる

既製のユニットバスに適合しないサイズだったため、床にタイルを上張りし、壁に水回り用のフィルムを張って浴槽を交換。床にはサーモタイルを採用

DATA

◇築年数：39年
◇リフォーム内容：全面リフォーム
◇工事費用：656万円（税込み）
※写真以外の工事費用も含む

※リフォーム設計・施工会社：東京ガスリノベーション株式会社（連絡先・問い合わせ事例番号は222ページ）

中古マンションの

リフォーム

バリアフリー

玄関、廊下、バス、トイレ……将来も安心な住まいに！

終の住処にするなら欠かせない

取得したマンションを「終の住処」に考えるなら、どこかをリフォームする際には、常にバリアフリーを意識したいものです。

基本的にマンションの住戸は平面ですが、廊下と部屋の境目や水回り付近にはやはり段差があります。床をフラットにする場合は低い部分をかさ上げしますが、天井が低かったり梁が通っている部屋で10㎝以上かさ上げしたりする場合には、かなりの圧迫感が出てきます。そんなときはフルフラットにこだわらず、スロープの活用も考えましょう。また寝室とトイレを近くするなど、間取り全体に配慮することもポイントになります。通路や各入り口の拡幅、ドアから引き戸への変更も考慮したい点です。

必要になったところで迅速に施工

トイレやお風呂回りにもさまざまなバリアフリー商品がそろっています。工事は比較的簡単ですが、まったく必要のないうちから床の段差を全部なくしてしまったりすると、かえって足腰の衰えを早める可能性もあります。

まだ若いうちであれば、別のリフォームのついでに、たとえば手すり用の下地を施したり、足元に照明を設置するなど、将来を考えたインフラを整えておくのが賢い方法といえるでしょう。

バリアフリーにすることは、住まいの資産価値を高める点でも損になることはありません。自治体によっては融資や給付を行っているところもあるのでチェックしてみましょう。

実例で見る、中古のリフォーム ここがポイント！

■床をフルフラットにして居室内の危険性を軽減。水回りも車イス対応へと全面改修

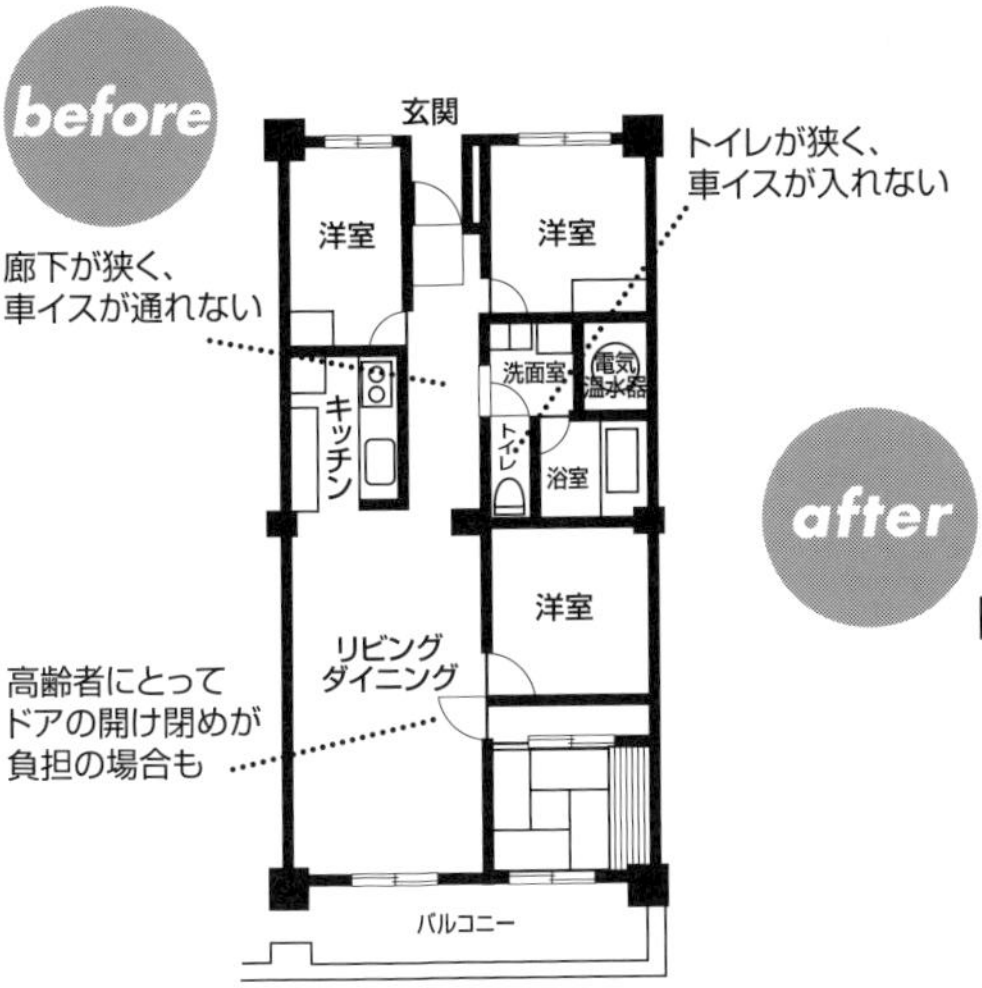

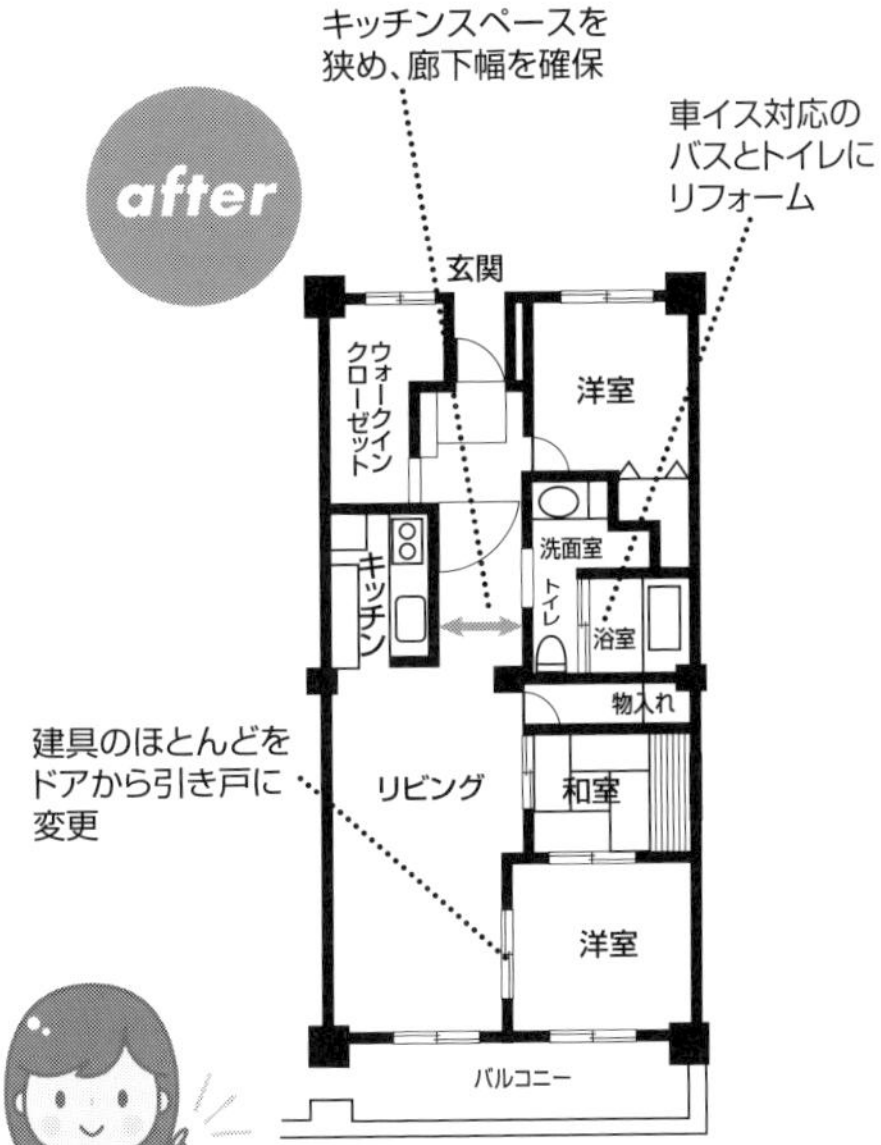

ここがポイント！

どこかをリフォームする場合は、将来のことも考えあわせて検討を

住み心地、利便性の向上の延長として可能な範囲でバリアフリー化も実施

バスタブを窓際に移動して、北側（写真左）に座りながらシャワーを楽しめるベンチとニッチ収納を設置

玄関とホールの間に框（かまち）を設けず、段差のほとんどないユニバーサルデザイン。ナチュラルな木の質感、明るいグレーの床タイル、オフホワイトの壁と天井が見事に調和

開き戸を引き戸に、また正面にあったトイレの向きを変えたことで、身体の向きを180度変える必要がなくなり、最低限の動きで座れるように

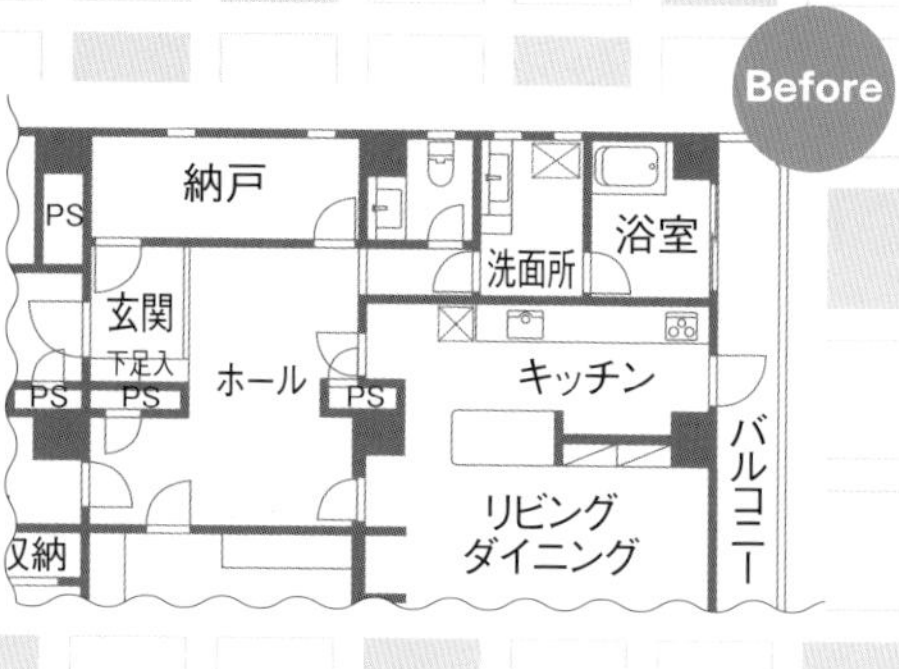

DATA
◇築年数:34年
◇リフォーム内容:全面リフォーム
◇工事費用:3,300万円(税込み)
※写真以外の工事費用も含む

浴室、洗面脱衣室、トイレは共通の床タイルを使用。高齢のご家族が訪れた際などの利便性も考えて、浴室の広さやデザインとバランスを取りながら、床段差をできるだけなくしている。洗面脱衣室には暖房兼用のTESタオルウォーマー(放熱器)の設置により、ヒートショックなどのリスクも軽減

自走用車イスの移動に必要なスペース

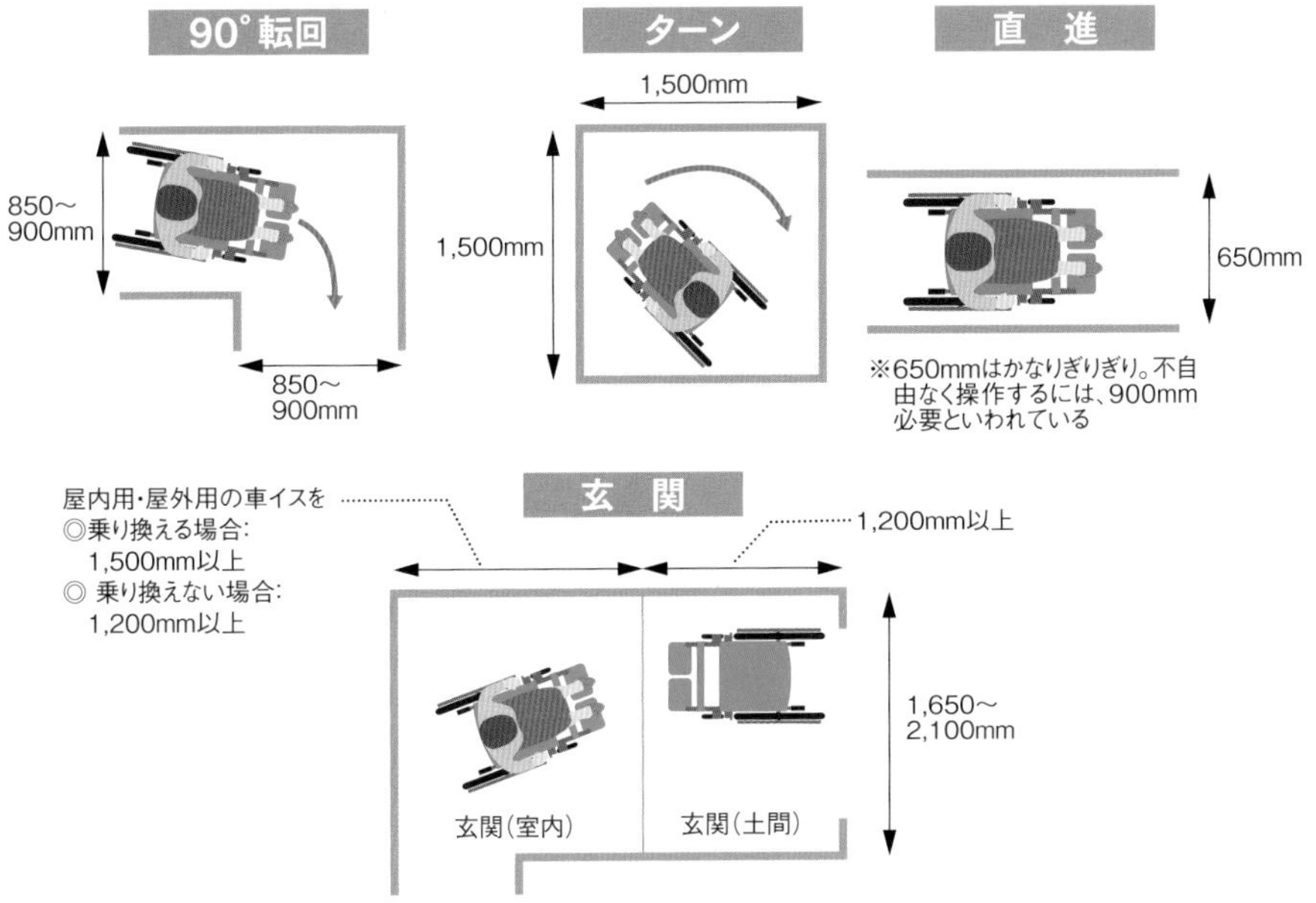

※車イス(全幅)のサイズと廊下の幅
◎介助用車イス:530〜570mm程度／◎自走用車イス:620〜630mm程度(大きいものは780mm程度)／
◎住戸内の廊下の幅:通常900mm程度、狭いところで750mm程度

 ※リフォーム設計・施工会社:東京ガスリノベーション株式会社(連絡先・問い合わせ事例番号は222ページ)

和室

使い方の難しい和室をフローリングで洋室化

使い勝手を考えれば和室より洋室

室内全体の中での使い勝手を考え、和室を洋室にリフォームすることがよく行われます。マンションの和室は、リビングに面しているか、隣り合った配置になっていることが多いため、リビングからそのままつなげてフローリングにすることで、広々とした空間を比較的簡単に確保できます。

また、和室にある押し入れは折り戸のクローゼットにリフォームすることで収納効率もよくなります。

和室は畳を使用しているため、床の仕上げがフローリングと異なっています。リフォーム時には、階下への防音対策にも気をつけましょう。

和室を縮小して残すのもアリ

使い勝手を考えつつも、それでも畳を残しておきたいと考える人は多いことでしょう。そんなときは、和室スペースを縮小する、和室を小上がりにするという手もあります。

6畳の和室を4畳半程度にリフォームし、減らしたぶんの床を活用して大きめのシステムキッチンを設置した例があります。

また、家族でごろごろする場としての畳スペースなら、床の間も押し入れも不要です。和室の広さはそのままに小上がりにすることで、容量の大きな収納を確保することもできます。

子どもが成長・独立して夫婦ふたりの生活になったときには和室に戻すことを前提に、フローリングのみの簡易な洋室にリフォームするという手もあります。

実例で見る、中古のリフォーム ここがポイント！

■和室をリビングに組み入れて広くのびやかな空間に

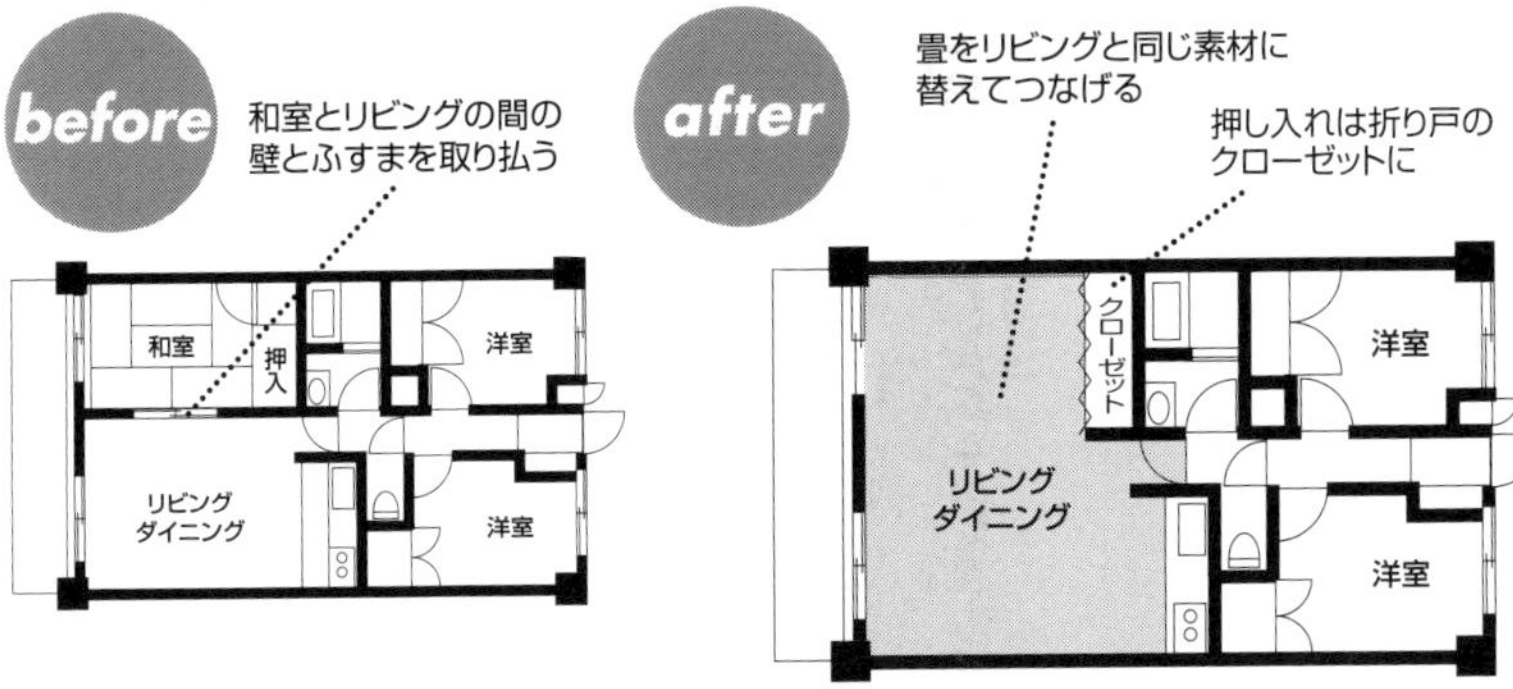

■和室を縮小&押し入れを取り払いシステムキッチンスペースに

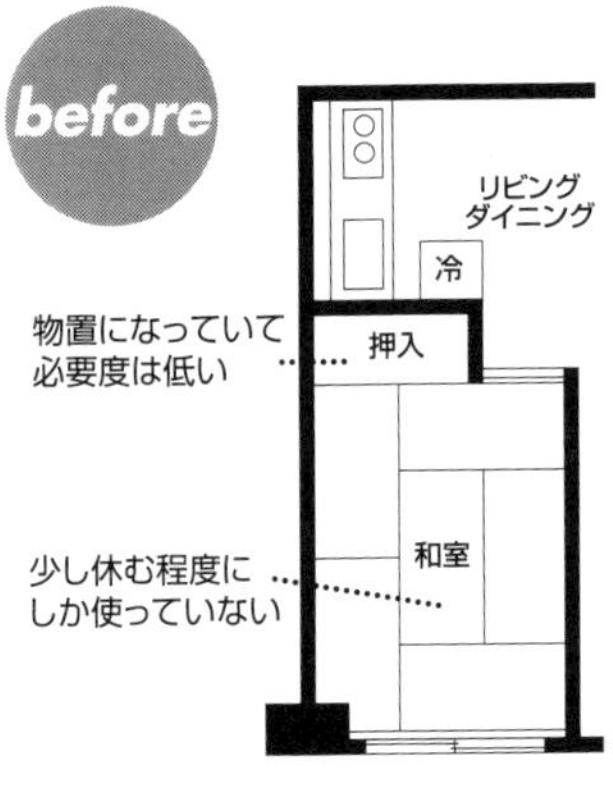

ここがポイント！

和室を完全になくすのではなく、縮小するという選択肢も

中古マンションの
リフォーム

トイレ

トイレリフォームの極意は、狭く感じさせない居住性

周囲との一体化とバリアフリーが王道

築年を問わず、限られたスペースの最大の犠牲者？ と思わずいいたくなるほど、マンションのトイレは狭いのが実情です。トイレの空間を広げるには、洗面所やバスルームなど周囲の水回り空間と一体化させるのがコツ。配管はいじらず便器や洗面台の向きを変えることで、一つの入り口から入る広々としたワンルームスペースをつくることができます。

またトイレはバリアフリーリフォームをもっとも意識しなければならない場所です。最初から車イス対応にする必要はありませんが、扉は引き戸がベター。ドアにする場合は万一、中で人が倒れたときのことを考えて必ず外開きに。不安があれば手すりを設置し、現時点で不要な場合には、手すり用の下地を壁に入れておきましょう。

トイレを快適な空間にする演出を

既存の空間を生かす場合には、パーツを工夫して快適なトイレ空間をつくり出すこともできます。

タンクレスやロータンクの便器を採用するだけでも空間の広がりを感じることができます。また、頭上の空間を使った吊り戸棚より、足元の壁厚を利用した収納スペースを設けるほうが、使い勝手がよく、全体もすっきりします。

また、においや湿気をとるクロスや、光触媒を使った専用のフロアマットもあり、壁や床の素材を換えることでトイレ空間は快適になります。文庫本やお気に入りの絵を飾るだけで、落ち着きある図書室やギャラリーのようなくつろぎ感も演出できます。

実例で見る、中古のリフォーム ここがポイント！

■トイレと洗面所を一体化し、広々とした空間を獲得！

before

after

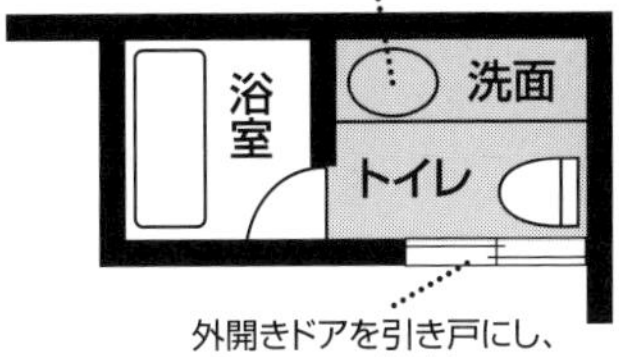

■快適空間を演出するこんな工夫も

ここがポイント！

！ 同じスペース内でも、組み合わせでゆとりが生まれる

中古マンションの
リフォーム

収納

限られた空間を快適に保ちつつモノを収める

広く見せることで収納スペースを確保

増築ができない以上、マンションで収納を増やすことは今ある空間のどこかを削ることを意味します。といっても、あきらめる必要はありません。新たな収納スペースをつくりつつ、広さを感じさせる工夫をすることで視覚的に空間を広げることが可能です。

細かく間仕切りされた空間とワンルームとでは、同じ床面積でも後者のほうがずっと広く感じます。そこで、たとえば収納スペースを増やしても、続いている二間の間仕切り壁を撤去して視界を広くすることで、「手狭感」を解消できるというわけです。

天井高いっぱいに収納を造作するのもよい方法ですが、その際はできるだけ外壁や戸境壁に沿わせると、見た目の空間の広がりを保つことができます。逆に、床からあまり高さのない収納をそろえて設置することで、収納は増やしつつ圧迫感のない空間をつくることもできます。

「デッド」なスペースは存在しない

隙間、ニッチをとことん活用するのもマンション収納の必須テクニックです。家具と家具の間や建具周辺はもちろん、出窓の下や壁厚まで使ったさまざまな収納アイデアには驚かされます。

「デッドスペース」はマンションにはほとんど存在しません。工夫しだいですべてが収納スペースになり得るのです。

あえて住戸の中央に収納スペースをとり、周囲のどの部屋からも取り出せるようにした例などもあります。

実例で見る、中古のリフォームここがポイント！

■間仕切り壁を取った広いワンルームで収納力も大幅アップ

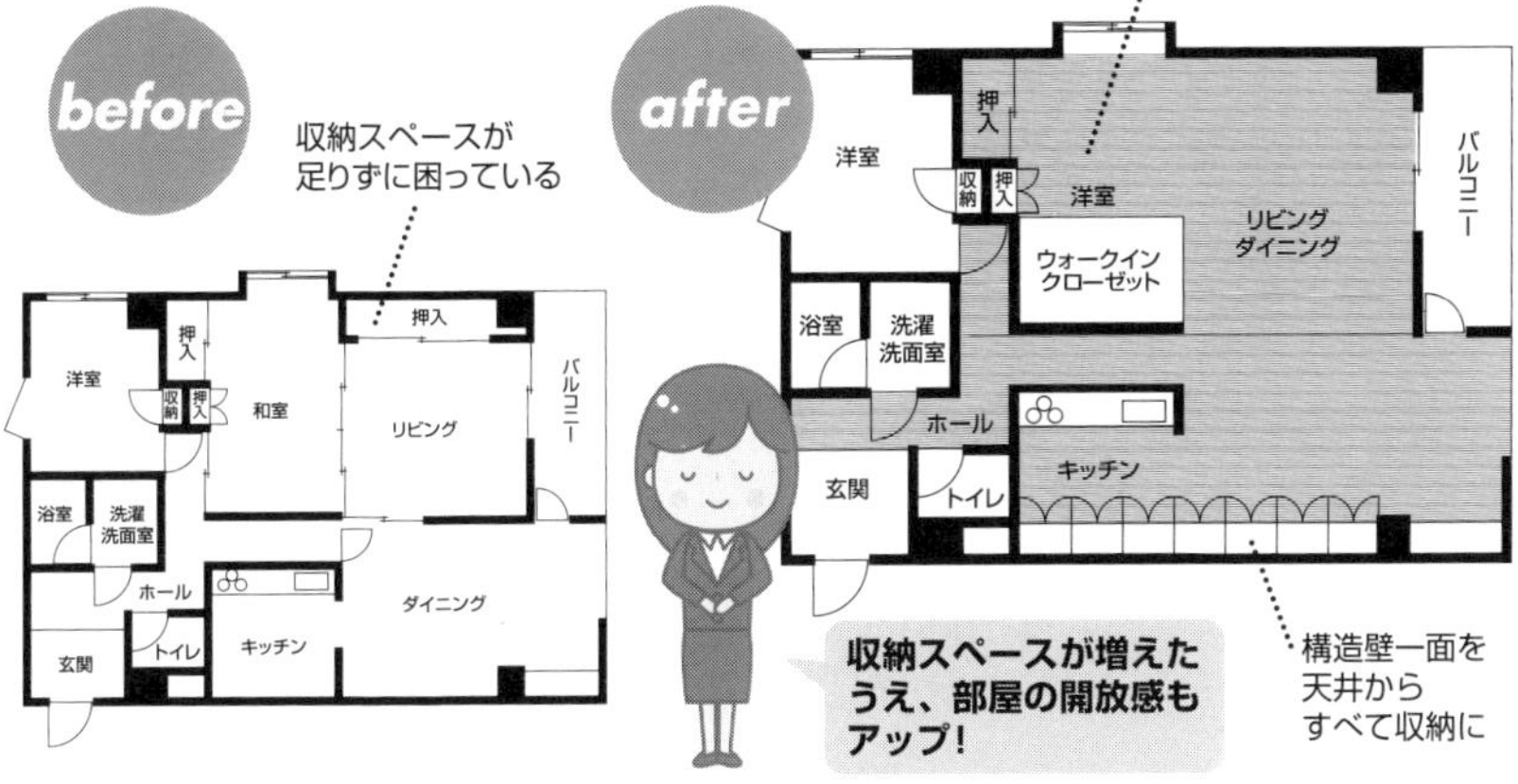

■壁の厚みを活用して気の利いた収納空間に

ここがポイント！

マンションの収納では、「隙間」と「壁」に注目しよう

中古マンションの

リフォーム

防犯

防犯リフォームは玄関ドアとベランダの窓を中心に

オートロックへの過信は危険

マンションは一戸建てに比べ、空き巣被害に遭いにくいのもメリットです。空き巣は年々減少傾向にあるといわれますが、防犯対策をおろそかにはできません。

マンションでの侵入経路はほぼ１００％が玄関とベランダから。防犯リフォームもこの2カ所を重点的に考えます。オートロックを過信するのは危険だと肝に銘じてください。侵入する気になれない、または侵入しかけても途中でそれを放棄させる工夫が各住戸に必要なのです。

そのポイントは「時間がかかること」。犯人の5割が、2分を超え5分近くかかったらその家への侵入をあきらめるという調査結果もあります。

「破りにくいドアと窓」が鉄則

ピッキングはもちろん、「サムターン回し」という、外部からドア内側のサムターンを回して入り込む手口や、ドリルやバールで強引にドアを破るなど、その手口はさまざまです。対策にはワンドア・ツーロックやカンヌキ用ガードが比較的有効です。

油断しやすいのが、ベランダの窓から侵入されるケース。電柱を伝ったり屋上からロープをたらしたりすれば、高層階でも十分侵入は可能なのです。

サッシには補助錠をつけ、防犯シールを貼ってガラスを割れにくくし、簡単にクレセント錠を回せなくするのは手軽な防犯リフォーム。さらにリフォーム可能なサッシの内側に、もう一つサッシを設けて2重サッシにするという方法もあります。

実例で見る、中古のリフォームここがポイント！

■ドアの防犯

ドアノブの中にカギ穴があるタイプ

ピッキングに弱い。
カギの交換時は
ノブに鍵穴のないものに

※玄関ドアのカギ交換は管理組合の許可が必要なので注意！

侵入に時間のかかる
ワンドア・ツーロック
がおすすめ

外からカンヌキが見えるカギは、スキ間からバールでこじ開けられることも。
カンヌキ用ガードプレートで隠すと効果的

この部分が
箱カギ。
ドアの厚みの
中に収まって
いるのが、
彫り込み
箱カギタイプ

「面付け箱カギ」「彫り込み箱カギ」タイプ

イラストは面付け箱カギタイプ。
表側から遠くに箱カギがあるため、
バールによるこじ開けに強い

■ベランダ・バルコニーの防犯

窓ガラスを割って錠を開けるため、
割るのに時間がかかるようにする
ことが有効

高層階でも無施錠での
外出は厳禁！
屋上からロープを伝っ
て侵入するケースも

ここがポイント！

！ 玄関ドア、ベランダともに侵入に時間がかかるような対策を

COLUMN

不動産売買でも電子契約が可能に

さまざまな分野でIT技術によるDX（Digital Transformation）が進んでいますが、これまで不動産の取引を規定する宅地建物取引業法では、重要事項説明や契約において「対面や書面、押印」が要件とされていて、オンラインで実施することができませんでした。それが2021年9月にデジタル改革関連法の成立を受け、宅地建物取引業法が改正され、2022年5月より不動産売買でも不動産取引の電子契約が解禁されました。

じつは不動産取引のうち、「IT重説」（重要事項説明をオンラインで行うもの）については、一定期間の社会実験の後、2017年10月から賃貸取引で本格実施されていて、売買取引においても2021年4月から国土交通省の定めた「IT重説実施マニュアル」に基づけば、IT重説を実施できるようになっていました。

ところが、前記のとおり、宅地建物取引業法で「書面」による交付と、宅地建物取引士の「押印」が義務づけられていたため、オンラインで行えるのは重要事項説明くらいで、部分的にしかデジタル化されていませんでした。

それが2022年5月に宅地建物取引業法が改正され、書面の交付を電磁的方法で行うことが可能になり、宅地建物取引士による押印も不要になったことで、ようやく電子契約が可能になりました。

なお、IT重説と電子契約は一体である必要はないため、重要事項説明はオンライン（IT重説）で、契約は対面で行うことも可能です。もちろん、その逆も行えます。

不動産の売買契約を電子契約で行うことで、場所と時間の制約がなくなり、書類の保管や検索が楽になるほか、印紙代が不要になるというメリットがあります。ただ、電子契約を行うには細かな制約があり、まだ対応できる不動産会社は少ないのが現状です。電子契約の普及はこれからとなります。

第5章

失敗しない住宅ローンの選び方

キホン① 住宅ローンの選び方・借り方で総返済額は何百万円も変わる!

住宅ローンは商品と考える

住宅ローンの資金使途は「自ら居住する土地や建物の購入、新築・増改築」に限られています。賃貸用の投資用マンションや郊外の別荘などの購入には利用できません。使途が自宅用に限られ、担保にできるため、金融機関のリスクは小さく、ほかのローンよりも金利が低くなっています。

とはいえ、住宅ローンは金融機関にとって利益(利息)を得るための「商品」であり、その種類は金融機関の数の何倍にも及びます。住宅ローンは借入額が大きいため、選んだ商品や借り方の違いで、総返済額(総利息)に何十万円、何百万円もの差が出ます。「住宅ローンなんてどれも似たようなもの」と思っている人は認識を改めましょう。

住宅ローン選びは基本をおさえて慎重に!

借り方については、「借入額」「金利」「返済期間」のバランスが大切です。詳しくは１７４ページでお話ししますが、同じ金利なら返済期間が長いほど多く借りられます。そのぶん利息の支払総額も多くなり、総返済額は増えます。

また、金融機関によって完済年齢(最終支払時の年齢)が決まっていて、40歳以上の人の場合、返済期間が制限されるケースも。その結果、借入可能額も減り、希望額に届かないこともあります。そのときは、金利は高くても審査がゆるめで、希望額に届く商品を選ぶほうが得策となります。このようにベストな住宅ローンは人によって異なります。選び方の基本をおさえておくことが大事です。

Check! 住宅ローン選びの３つの心得

■住宅ローンを選ぶときの３つのポイント

1 借りるより「買う」意識で選ぶ!

家探しをしているときは物件価格に目がいくが、実際の支払いは「利息＋諸費用」が含まれる。

2 商品を「選ぶ目」を身につける!

金利や完済年齢、最大返済負担率など、融資条件を商品ごとに表にして比較すると違いが見えてくる。

3 わずかな「違い」で大きな差に!

住宅ローンは借りる金額が大きい。安易に選んでは総返済額に大きな違いが出る。

■住宅ローンの「借り方」の３つのバランス

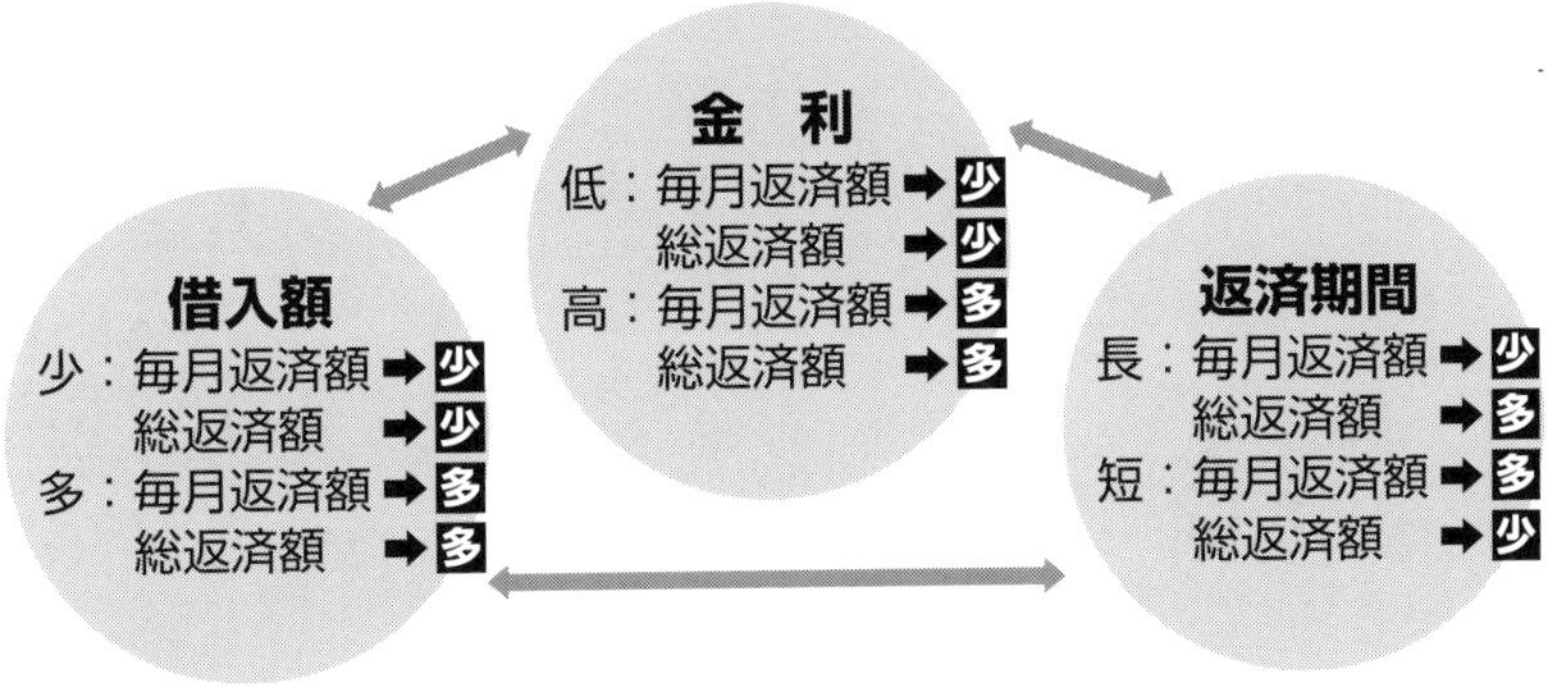

プロからのアドバイス

金利が同じなら返済期間を短くすると、総返済額は減りますが、毎月返済額が増えます。確実に最後まで返済できることが第一ですから、無理をしすぎないこと。総返済額は繰り上げ返済（186ページ参照）を行えば、後から抑えることができます。

キホン②
申し込みから融資実行までの流れ

中古専用の住宅ローンがあるわけではない

中古専用の住宅ローンも一部ありますが、多くの金融機関では、新築と中古で商品を分けていません。中古は新築に比べて、同地域なら担保価値が落ちますが、１００％ローン（＝物件価格までの融資）を認めているところもあります。

中古が住宅ローンを借りにくかったのは一昔前のことで、前項でもお話ししたとおり、現在は選択肢が数多くあります。超低金利時代であることもあって、新築と同じく低金利で借りられます。

審査は2段階にわたって行われる

とはいえ、誰でも無条件で融資を受けられるわけではありません。住宅ローンの融資にあたっては、金融機関の審査があります。通常「事前審査」と「本審査」の2回行われます。

事前審査は正式に住宅ローンを申し込んだ場合、融資が下りそうかどうかを、簡易的に判断してもらうものです。通常、気に入った物件が見つかって、売主に購入を申し込んだ段階で行います。

通常、結果は1週間程度で通知され、正式な審査を受けても通る可能性が高いことがわかると、売主と売買契約を結び、改めて金融機関に本審査を申し込みます。

本審査では事前審査と違って、売買契約を結んだ後に物件の担保価値や団体信用生命保険に加入できる健康状態かなど、より厳しいチェックを受けます。そのため結果が出るまで2～4週間かかります。

事前審査でＯＫが出ていても、本審査で改めて発見された事実により審査に落ちたり、借入希望額より低い金額を提示されることもあります。その場合、ローン特約（２０４ページ参照）をつけていればペナルティなしで売買契約を解除できます。

無事、審査に通った場合は、金融機関と「金銭消費貸借契約」を結び、融資が実行されます。

一度に複数の金融機関に申し込む

審査の申し込みを不動産仲介会社に全面的に任せた場合、その不動産仲介会社と普段付き合いのある金融機関で審査を受けることがあります。その場合、不動産仲介会社と金融機関の力関係によっては、多少審査に通りやすくなるケースもあるようです。

一般的には自分が希望する金融機関がある場合には、不動産仲介会社に依頼して、審査の申込書の記入に必要な物件情報や書類をもらい、自分で直接審査を申し込みます。

審査に通ったからといって、断るのは自由です。そのため、普段から金利等をチェックしておき、一度に複数の金融機関に審査を申し込むことをおすすめします。本審査に通った金融機関から、時間が許す範囲で条件の有利なところを選びましょう。

■住宅ローンの手続きの流れ

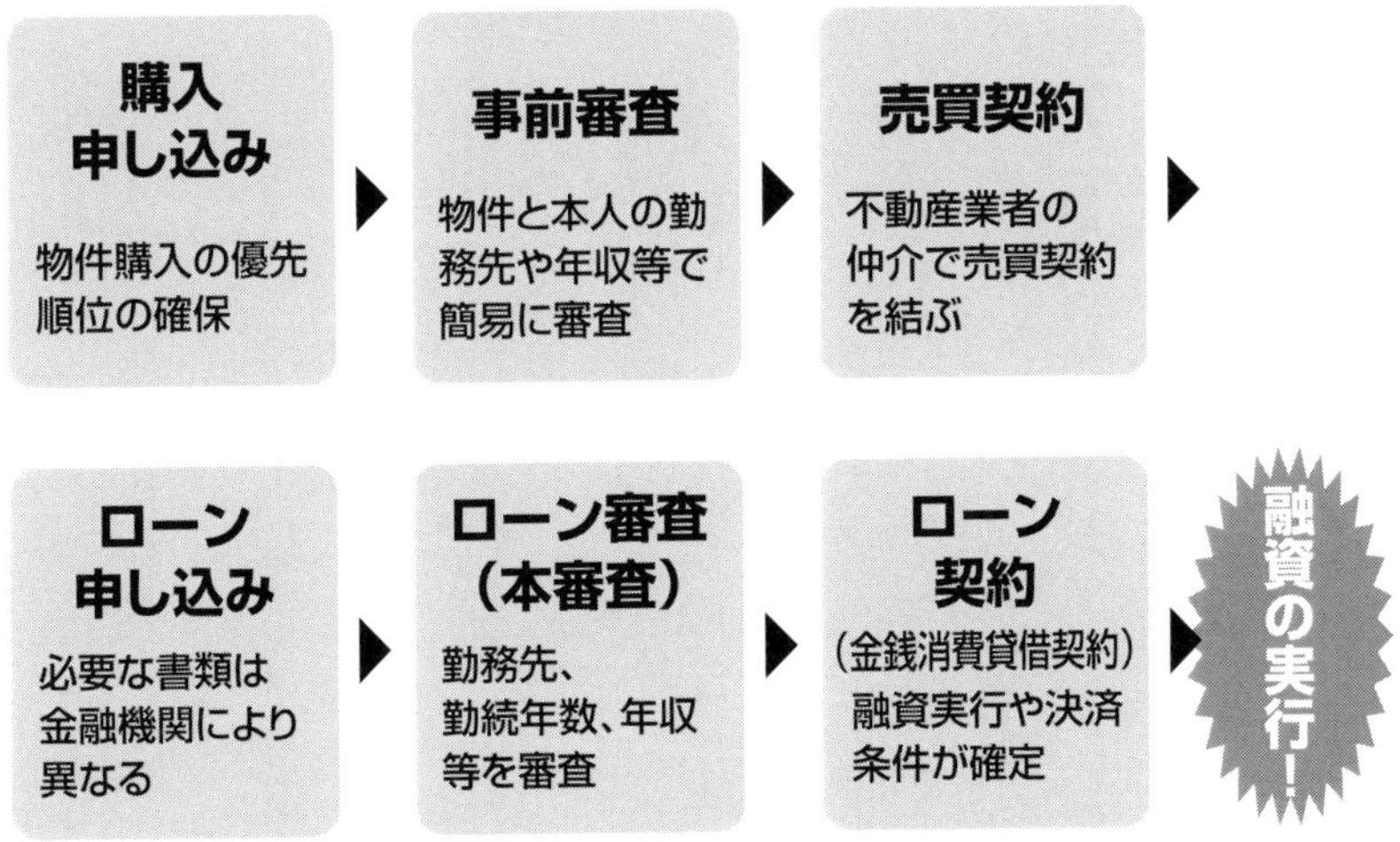

キホン③ 審査に通るための5つのポイント！

希望額で審査に通るために大切なこと

住宅ローンを借りるには、多くの場合、保証会社の審査があり、その審査の結果、実際に借りられる金額（借入可能額）が決まります。では、希望額どおりの融資額で審査に通るには何がポイントになるのか、順に見ていきましょう。

ポイント① 担保評価

担保評価とは、希望の物件を購入後、もし住宅ローンの返済に困り、その物件を現金化しなければならなくなったときに、どれだけの価値になるかを金融機関が独自に査定することです。

担保価値の基準としては、一戸建ての不動産価値が土地価格を中心とするのに対し、マンションは建物価格を中心として評価されます。立地や管理、構造などがよい物件ほど評価は高くなります。ただし、建物は築年数に応じて価値が目減り（減価償却）するため、そのぶんを割り引かれます。

ですから、築古の物件は担保評価が下がることもあり、新築並みにリフォームされていても評価が高くなるとは限らないことに注意しましょう。

ポイント② 返済負担率（返済比率）

返済負担率とは、給与所得者の場合、税込年収に占める年間返済額の割合のことです。返済負担率で借りられる金額などについては次項でお話しします。

ポイント③ 仕事の安定性

住宅ローンの返済は長期にわたるため、収入の安定性が求められます。そのため、勤務先は中小企業より大企業、公務員などのほうが有利というのが現実です。また収入が安定している正社員のほうが借りやすい傾向はありますが、転職が多くても3年以上継続勤務している人や、最近は契約社員でも借りられるケースがあります。

ポイント④　ほかの借入れ

金融機関は住宅ローンの申し込みを受けると、その顧客のクレジットカードの利用情報など個人の信用情報をもとに、融資が適正かどうかを判断します。マイカーローンなど、ほかからの借入額が大きい場合は、本来の借入額から減額される原因になります。

また、過大な借金や長期の延滞はいうまでもなく、小さな額の延滞でも、借りられない場合があります。下図のような返済し忘れにも注意してください。

ポイント⑤　年齢・健康

最後は年齢と健康です。多くの金融機関で住宅ローンの申込可能年齢と完済年齢が定められています。そのため、申し込み時点の年齢によって返済期間から借入可能額も影響を受けます。

また、長く確実に返済していくには健康であることです。以前と違って、糖尿病など持病があっても保険への加入が認められるようになっていますが、重い病気の場合、審査に落ちることもあります。

■こんな「つい、うっかり」が審査を不利にする！

□	クレジットカードの返済を忘れて支払いに遅れたことがある	クレジットカードの支払い日に引き落とされず、支払いが1日でも遅れると遅滞扱いとなり、個人信用情報に記録されることがある
□	複数のクレジット会社のカードを何枚も所有している	普段使っていないクレジットカードでも、キャッシング枠は借入金として計算されることがあるので、カードの枚数は少なくしておくほうがよい
□	電気・ガス・水道などの公共料金を滞納したことがある	公共料金を一元管理できて便利だからとクレジットカード払いにしていると、滞納したときに、その実績が記録される
□	携帯電話やスマートフォンの端末代を滞納したことがある	端末代金がクレジット契約になっていて月々の支払いに上乗せされている場合、料金の滞納実績が記録される
□	税金・国民健康保険料の未納分をそのままにしている	税金の未納は、審査申し込み時に必要になる納税証明書などから発覚する。必ず審査前に支払っておくことが大事

※「個人信用情報」は、信用情報登録機関が情報収集・管理などを行い、保証会社等へ提供するための情報を指す

キホン④ 自己資金の額は審査に影響する？ いくらまで借りられる？

住宅ローンで借りられる額には上限がある

48ページでお話ししたとおり、頭金なしでも住宅ローンを組むことは可能です。ただし、自己資金として手付金と合わせて物件価格の10％程度は確保しておかないと、手続き費用や税金などの諸費用も払えず、借入れできないことになります。

また、自己資金を多少でも用意できていれば、貯蓄できることの証明にもなります。購入後にも返済に回せるだけの資金のゆとりがあると判断されるので、審査でプラスになります。

さらに審査の結果によっては、希望融資額に届かないこともあります。たとえば、５０００万円の物件を購入しようと住宅ローンを申し込んだところ、４５００万円しか下りなかった場合、５００万円の自己資金を準備しなければいけません。

実際に、自己資金としていくら必要になるかは、同じような条件でも、人や審査基準によって差が出ます。その理由は、前項でお話しした「返済負担率」「借入可能額」に関わってくるからです。

いくら借りられるかは「返済負担率」しだい

返済負担率とは、ひと言でいうと、その人の年収でいくら返済できるか、その割合を示すものです。この返済負担率の基準をオープンにしている金融機関もあり、たとえば住宅金融支援機構では、年収４００万円未満は30％以内、４００万円以上は35％以内と設定しています。

民間の金融機関では、年収４００万円以上は20～35％以内、２００万円以上４００万円未満は25％以

■自分の年収で住宅ローンの借入可能額を計算してみよう！

〈計算式〉

①（税込年収＿＿＿＿＿万円×返済負担率※1＿＿＿%）÷12
＝毎月返済可能額＿＿＿＿＿万円

②毎月返済可能額＿＿＿＿＿円÷100万円当たりの毎月返済額＿＿＿＿＿円
×100万円＝借入可能額（万円）※2

※1 A銀行の場合の返済負担率：税込年収400万円以上は35%以内、200万円以上400万円未満は25%以内、200万円未満は20%以内※2 借入可能額は10万円未満は切り捨て

◎100万円当たりの毎月返済額（円）

金利	返済期間				
	15年	20年	25年	30年	35年
0.5%	5,767	4,379	3,547	2,992	2,596
1.0%	5,984	4,598	3,768	3,216	2,822
1.5%	6,207	4,825	3,999	3,451	3,061
2.0%	6,435	5,058	4,238	3,696	3,312
2.5%	6,667	5,299	4,486	3,951	3,574

※全期間固定金利、元利均等返済の場合

内、200万円未満は20%以内といったところが多いようですが、各金融機関によって異なります。

この返済負担率から年間返済額および毎月返済可能額を算出し、そこからほかのローンの返済額などを差し引いた金額が返済に充てられる金額と判断されます。ですから収入が安定していて、この返済負担率の中に収まっている融資額であれば、審査に通ることが多いようです。

以上のように、借入可能額は金融機関ごとの基準で決められているため、同じ年収でも申し込む金融機関によって金額が変わってくるのです。

返済負担率から借入可能額を計算してみよう

借入可能額は上図の計算式で目安を知ることができます（ほかに借入れがない場合。A銀行の返済負担率は参考値です）。また、フラット35のサイト(https://www.flat35.com)には、年収と各条件を入力すると、簡単に借入可能額を求められるシミュレーターがあるので参考になるでしょう。

審査での判断は金融機関によってさまざまですが、自分の返済負担率がどれくらいか知っておけば、借入可能額の見当がつき、審査に通りやすくなります。

中古マンションの 住宅ローン

キホン⑤ 中古マンションも住宅ローン減税を受けられるの？

10年間にわたって所得税が控除される

住宅ローン控除（住宅ローン減税）とは、正式には「住宅借入金等特別控除」といい、住宅の取得や一定の増改築・リフォーム工事を行って10年以上のローンを組んだ人が10年間にわたって受けられる所得税の減税措置です。

２０２２年度に大幅改正され、制度としては縮小されました。具体的には、一般の中古マンションでは、２０２５年末までに入居した場合、年末の住宅ローン残高の０・７％の金額（最大14万円）がその年に支払った所得税から戻ってきます。住宅ローン残高の０・７％より支払っている所得税が少なかった場合には、戻しきれなかった分を翌年の住民税から９万７５００円を上限に控除（減税）されます。

たとえば、住宅ローンの借入額が２０００万円、金利１・５％、返済期間35年、年収５００万円で扶養親族１人の場合、10年間の控除額の合計はおよそ１２３万２０００円となります。

また、長期優良住宅やＺＥＨ水準省エネ住宅などの認定住宅は２０２５年末までに入居の場合、最長10年間、年間最大21万円まで控除されます。

なお、中古住宅でも不動産会社などが買い取って改修（リフォーム）を行って販売する「買取再販住宅」は条件が異なり、２０２３年末までに居住した場合、最長13年間、年間最大21万円まで、２０２５年末までに居住した場合、最長10年間、年間最大14万円までの控除となります。

控除を受けるには、会社員の場合、入居した翌年に一度だけ確定申告が必要で（翌年からは年末調整）、個人事業主などは毎年自分で申告する必要があります。

適用要件には注意が必要

　住宅ローン控除の恩恵にあずかるには、いくつかの要件を満たさなければなりません。まず中古住宅の場合、以前は築25年以内となっていましたが、２０２２年改正で築年が１９８２年１月１日以降に建築されたものであることに要件が緩和されました。なお、築年が１９８２年より前でも、一定の耐震基準を満たせば、適用となります。

　そのほかの要件として注意すべき点は、以前一時的に、合計所得金額１０００万円以下の場合、床面積（登記簿上の面積）が40㎡以上50㎡未満でも適用になっていましたが、今回の改正ですべて50㎡以上となっていることです。また、２０２５年末までに居住していること、取得してから6カ月以内に居住することとなっていますので、入居時期には注意が必要です。

　そのほか、控除を受ける年の合計所得や災害に関する措置などの要件もあるので、詳しくは国税庁のホームページなどで確認しておくようにしましょう。

■住宅ローン減税の概要

区分	入居時期	控除期間	借入限度額	控除率	年間 最大控除額
長期優良住宅等（※）	2025年末まで	10年間	3,000万円	0.7%	21万円
一般住宅			2,000万円		14万円
買取再販住宅	2023年末まで	13年間	3,000万円		21万円
	2025年末まで	10年間	2,000万円		14万円

売主が個人の場合の主な要件

◎1982年1月1日以降に建築
◎床面積が50㎡以上（登記簿上の面積）
◎中古住宅の取得の日から6カ月以内に居住
◎控除を受ける年の合計所得額が2,000万円以下
◎借入金の返済期間が10年以上
◎床面積の2分の1以上がもっぱら自己の居住用
◎生計を一にする親族等からの取得ではない
◎所定の期間内に所定の特例を受けていない

買取再販住宅（売主が業者）の場合の主な要件

◎新築された日から起算して10年を経過している既存住宅である
◎工事費の総額が売買価額（税込）の20%以上
◎所定の特定増改築等に係る工事が所定の金額を超えた額で行われている
◎宅建取引業者が取得し、その取得の日から2年以内に個人が取得

※認定長期優良住宅、低炭素住宅、ZEH水準省エネ住宅、省エネ基準適合住宅

商品選び①
商品の特徴を決める4つの金利タイプを知っておこう

金利タイプの違いは「金利の決まり方」

住宅ローン選びのポイントは、「金利タイプ」の違いを理解することです。金利タイプとは、その商品の金利が変わるかどうかです。各商品の性格を決定づけるものといっていいでしょう。

「全期間固定金利型」「変動金利型」「固定金利期間選択型」「ミックス型」の4つがあって、ほとんどすべての商品はこのいずれかに分類されます。どのタイプの商品かによって、向いている人や向かない人がある程度決まってきます。

全期間固定金利型は、返済期間中に金利が変動しないタイプの商品です。借入時に総返済額と毎月返済額が確定するため安心ですが、基本的にほかの金利タイプより金利が高くなります。将来の金利上昇リスクを避けたい人に向いており、代表的なものは「フラット35」（170ページ参照）です。

変動金利型は、返済期間中に金利が変動する可能性のあるタイプの商品です。通常、借入れ当初はほかの金利タイプより低い金利で借りられる傾向がありますが、一般的に半年ごとに金利が見直されます。

そのため金利が大幅に上がって、毎月の返済額が増え、支払いが苦しくなったり、ほかの金利タイプよりも総返済額が増えてしまう可能性もあります。ただし毎月の返済額見直しには、5年に1回、最大1・25倍までというルールがあります。現在のような低金利が長く続けば、金利が低いぶんお得です。

固定金利期間選択型は、一定期間金利が固定されるタイプの商品です。固定期間終了後は新たに変動金利型か固定金利型かを選び直し、その時点の金利が適用されます。そのときに金利が上昇していれば、毎月の返済額はふくらむので注意が必要です。なお、固定期間は2～20年と比較的長期のものも選ぶことができます。

ミックス型商品は、借入額を任意の金額で分け、「変動金利＋20年固定」「10年固定＋25年固定」といったように、同一の金融機関で金利タイプの異なる住宅ローン契約を2本結ぶタイプの商品です。違った金利タイプの住宅ローンを利用することで、基本的には金利上昇リスクを分散できますが、各金利タイプのメリットも半減することになります。取り扱う金融機関も少なく、商品数も多くありません。

金利上昇時には全期間固定金利型が安心

どの金利タイプが有利かは、金利情勢によって大きく変わります。

低金利で利息の安い変動金利型は、金利の下がる局面や安定しているときは得ですが、金利が上昇傾向のときは利息の負担が大きくなります。

今の低金利は歴史的にも低水準。今後、金利が上昇していく可能性が高いでしょう。リスクを避けたい人は全期間固定金利型をおすすめします。

■金利タイプ別メリットとデメリット

金利タイプ	メリット	デメリット
全期間固定金利型	返済完了まで固定金利が適用されるので、返済総額が確定し、返済計画が立てやすい。	借入時の金利が高ければ、結果的に返済総額が多くなることもある。
変動金利型	金利が高い時期に借り入れした場合、その後、金利が低下すれば負担が減少する。	金利情勢によって返済額が大幅に上がったり、長期では返済計画に狂いが生じることも。
固定金利期間選択型	低金利のキャンペーン商品などが選べる。固定期間終了時に金利が低下していれば負担が減少する。	固定期間終了後、金利情勢によっては返済額が大幅に上がることがある。
ミックス型	異なる金利タイプの住宅ローンを利用することで、金利上昇リスクを分散できる。	メリットがある半面、各金利タイプのメリットが半減する。商品数は多くない。

商品選び②
返済方法は、安心度の高い「元利均等返済」を選択する

総返済額が少ないのは「元金均等返済」

住宅ローンの返済方法には「元利均等返済」と「元金均等返済」の2種類があります。

元利均等返済は、毎月の返済額を一定にし、利息ぶんを引いた金額を元金に充てるものです。返済開始から完済時まで返済額が一定のため、返済計画が立てやすい半面、返済当初の中身は利息の割合が高く、元金がなかなか減りません。そのため、総返済額は元金均等返済より多くなります。

元金均等返済は、元金ぶんを毎月均等に設定し、そこに元金残高に対する利息を加えて、月々の返済額とするもの。返済当初の返済額は多くなりますが、元金が確実に減っていくため、支払額が少しずつ減り、総返済額は少なくなります。

毎月の返済額が安定するのは「元利均等返済」

元利均等返済と元金均等返済のどちらが得か損かは一概にはいえません。民間住宅ローンは元利均等返済のものが中心です。フラット35では元利均等返済と元金均等返済のいずれかを選択できます。

総返済額が少なくて済む元金均等返済を選択したほうが得に思うかもしれませんが、当初の返済負担が大きいこと、また毎月の返済額が安定せず、家計管理が難しくなるというデメリットがあります。

そのため、無理に元金均等返済を選ぶよりも、元利均等返済を選択して、確実に完済を目指すほうをおすすめします。そのうえで、もし貯蓄に余裕があるようなら、繰り上げ返済（186ページ参照）を行って総返済額を減らしていくのがいいでしょう。

Check! 総返済額の違いを知っておこう！

■元利均等返済と元金均等返済のしくみ

元利均等返済

◎毎月の返済額が一定

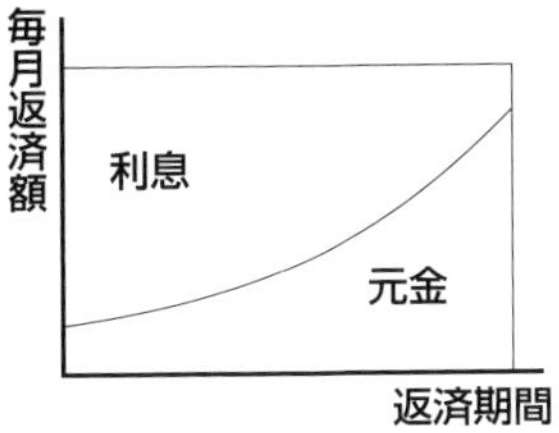

メリット

返済計画が
立てやすい

デメリット

当初の返済額は
利息の割合が高く、
元金がなかなか
減らないため
総返済額が多くなる

元金均等返済

◎元金の返済額が一定

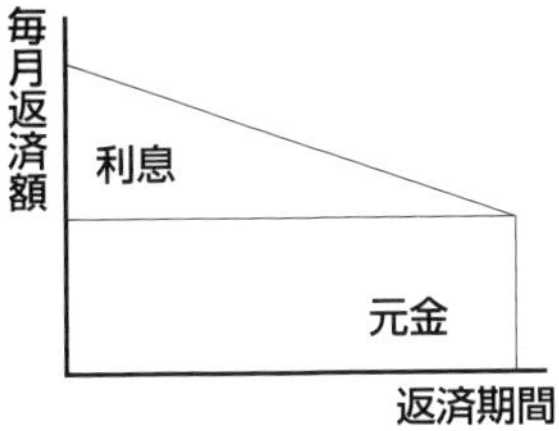

メリット

元金が早く減る
ため支払額が
少しずつ
減っていく。
総返済額も少ない

デメリット

当初の返済額が
多い。
同じ年収の場合、
元利均等にくらべ
借入限度額が
少なくなる

■1,000万円を金利1.5％、25年返済で借りた場合の比較（概算）

		元利均等返済	元金均等返済	差　額
年間返済額	2年目	47万9,916円	54万1,242円	6万1,326円
	10年目	47万9,916円	49万3,242円	1万3,326円
	13年目	47万9,916円	47万5,242円	4,674円
	20年目	47万9,916円	43万3,242円	4万6,674円
総返済額		1,199万7,944円	1,188万1,150円	11万6,794円

プロからのアドバイス

元利均等返済でも、「返済期間を短くする」「こまめに繰り上げ返済をする」と、元金均等返済と同等以上のメリットが生まれます。

12年目までは、
元金均等返済のほうが
年間の返済額が多く
リスクが高くなる！

商品選び③ 借入先によって、商品特性や審査基準に特色がある

顧客獲得に積極的な都市銀行、地方銀行

住宅ローンの借入先は左表のように民間金融機関（民間ローン）と公的融資（公的ローン）に分かれます。さらに、民間金融機関は都市銀行、地方銀行、ネット専業銀行などに分かれます。

都市銀行の特徴は、店舗数が多く、手続きに便利な点です。対面で相談できる住宅ローンセンターや、電話での無料相談窓口も設置され、不明点を確認しやすいところは、都市銀行ならではの強みです。ネット専業銀行などに比べると金利は少し高めですが、審査は都市銀行のほうがゆるめです。ただし、最近は店舗では扱わず、ネットのみでの受付となっている銀行もあります。

地方銀行の特徴は、各地域の競争具合によって、金利差が大きいこと。地域によっては、ある銀行が特別金利の商品を出すと、別の銀行がより安い金利の商品を出すなど競争も盛んです。ただし、営業エリアの制限により、利用できないこともあります。

金利は安めだが審査は厳しいネット専業銀行

ネット専業銀行の最大の魅力は金利の低さです。ただし金利が低いぶん、審査に慎重を期し、さらに本審査の手続きは郵送になるため、結果が出るまでに時間がかかります。審査に落ちてから申し込み直すのは時間のロスになるため、ネット専業銀行が第一候補でも、同時に都市銀行や地方銀行に申し込んでおくほうが得策です。また、多くのネット専業銀行が「保証料なし」を謳っていますが、一方で事務手数料が数十万円になることもあります。

■住宅ローンの主な借入先

借入先			金利タイプ	特徴
民間ローン	銀行等	都市銀行 信託銀行	変動金利型 固定金利期間選択型 全期間固定金利型	・金利競争が激しく低めだが、審査基準は厳しい傾向。都市圏在住者には支店も多く、便利な存在 ・ネットバンキングにも力を入れており、ネットで住宅ローンを申し込めば金利が優遇されるプランも
		地方銀行		・金利は若干高め。有力な地銀が複数ある県では、店頭金利は地域によって差がある。顧客獲得のためのキャンペーン合戦も展開 ・地元密着型の金融機関なので、相談に乗ってもらいやすく借りやすい面も
		ネット専業銀行		・実店舗がないぶん、金利は低めだが、審査は厳しい。個人の事情が勘案されにくい面があるので、必要書類について自分でよく理解しておく必要がある ・対面で相談できる店舗を出店したり、団信特約などさまざまな特典をつけるケースが増えている
		信用金庫 信用組合	変動金利型 固定金利期間選択型	・メインバンクとして使う人が多くないので、住宅ローンの申し込みを歓迎してくれる場合もある。大手銀行のように金利の低さはあまり期待できない
		労働金庫 ＪＡバンク	変動金利型 固定金利期間選択型 全期間固定金利型	・ＪＡの組合員向けの住宅ローンは農家以外でも組合費を納めて準組合員になれば利用できる場合も。土地のみの購入や住宅の増改築・リフォーム向けや、特約も拡充。子育て世代を応援する住宅ローンも ・労働金庫の住宅ローンは審査基準が比較的ゆるめで、組合員であれば金利等の優遇がある。非組合員でも一定条件を満たせば利用できる
		ノンバンク ※預金を持たない金融機関		・住宅ローン専門会社・信販会社・クレジット会社などがある。最近はハウスメーカーなどがモーゲージ・バンカーを設立し、長期固定金利型のローンを提供している
公的ローン		フラット35	全期間固定金利型	・住宅金融支援機構による長期固定型住宅ローン。申込要件など、主な商品概要は全国共通だが、ローンを提供するのは民間金融機関 ・住宅金融支援機構による住宅ローン債権の証券化のしくみを利用した長期固定金利型のローン。金利は金融機関によって異なる ・融資額は購入価額以内（最大8,000万円）。ただし、機構が定めた技術基準をクリアする必要がある。保証料不要。繰り上げ返済時の手数料も無料 ・団信への加入は任意
		財形住宅融資	５年固定金利型	・財形貯蓄を１年以上継続し、貯蓄残高50万円以上ある人を対象とした融資（財形貯蓄残高の10倍までの額で最大4,000万円まで融資）。事務手数料無料
		自治体融資	自治体によって異なる	・自治体により異なり、設けていない自治体もある。物件や融資限度額には、一定の制限があるが、金利面は比較的有利なものも

（住宅金融普及協会のホームページ等を参考に作成。上記のほかに生命保険会社の住宅ローンもある）

商品選び④ 公的ローン「フラット35」と民間ローンの違いはここ！

公的ローンとして頼りになる存在

「フラット35」は住宅金融支援機構による全期間固定金利型の住宅ローン商品です。大きな魅力は比較的審査がゆるく、融資額が物件価格の１００％まで可能である点です。

少ない自己資金でも返済能力さえあれば、その名のとおり最長35年間の固定金利で借入れができる数少ない頼りになる存在です。都市銀行、地銀、信金、信組など、多くの金融機関で取り扱っています。

申込要件など、主な商品概要は全国共通ですが、各金融機関で独自の金利設定が行われています。２０２３年１月時点の適用金利（１７２ページ参照）は融資率90％以下が１・52～３・27％と、民間ローンの全期間固定金利の最低水準と大差ありません（融資率90％超は１・78～３・37％）。

さらに民間ローンで必要になることが多い保証料が無料です。保証料とはローン契約を結ぶ際、保証会社にいわば連帯保証人になってもらうための費用です。通常、数十万から１００万円前後かかりますが（一括払いの場合と、月々の返済に上乗せする場合があります）、これが無料で済みます。

審査がゆるめで、収入が低めでも借りやすい

とくにフラット35の特徴となっているのは、民間ローンよりも審査がゆるめで、雇用形態や勤続年数などについて要件が設けられていないことです。パートやアルバイト、自営業者でも年収さえしっかりあれば門戸が開かれており、対象となる返済負担率の範囲で借入れができます。

また、雇用形態の条件がないことから、返済負担率の基準を満たさない場合、配偶者との収入合算（178ページ参照）の利用も考えられます。たとえば、夫が契約社員で妻がパートでも借りられる可能性があります。

支援機構の技術基準に適合している物件が対象

フラット35を利用するには、住宅金融支援機構が定めた独自の技術基準に適合していることを証明する「（フラット35）適合証明書」が必要です。新耐震基準（76ページ参照）に適合している必要があり、そうでない場合は別途「耐震基準適合証明書」を取得する必要があり、現実的には難しくなっています。

なお、フラット35のホームページ（https://www.flat35.com）にある「中古マンションらくらくフラット35検索」では、すでに物件検査を受け、支援機構の基準に適合していることが確認された、築20年以内の質の高い中古マンションが公開されています。

独自に検査を依頼する場合（検査費用は申込者負担で、3万〜10万円程度が相場です）は、支援機構のホームページで適合証明機関を検索することもできますが、金融機関側でも斡旋してくれます。

■フラット35（買取型／一般住宅）の商品例

◎フラット35は住宅金融支援機構の商品だが、販売先は提携する民間の金融機関。借入先によって金利やサービスが違うので注意

金融機関名	金利	事務手数料 ※( )内は最低額	備考
みずほ銀行	1.88%	融資額×1.87%	フラット35と組み合わせて購入価格全額を借入れできる「フラット35パッケージローン」という商品も
三井住友銀行	3.27%	33,000円	金利が高い分、事務手数料が抑えられている。ほかの商品とどちらが得かは借入条件によって違ってくる
楽天銀行	1.88%	融資額×1.43%（110,000円）	変動金利との組み合わせでフラット35部分の金利を抑える「固定と変動」という商品も
住信SBIネット銀行	1.88%	融資額×1.65%（110,000円）	自己資金なしで融資率9割以下の金利になる「フラット35ミスターパッケージローン」という商品も
ARUHI	1.88%	融資額×2.2%（200,000円）	購入価格の20%を頭金にすることで0.1%金利が安くなるプランあり

※金利は2023年2月15日現在の店頭金利（172ページ参照）。返済期間は21年以上35年以下。融資率9割以下、機構団信に加入した場合

商品選び⑤
「○○金利」の用語を知ると、商品の特徴は簡単にわかる

意味別に整理すると4種類

住宅ローンの商品説明には、「店頭金利」「適用金利」「優遇金利」など、たくさんの「○○金利」という用語が出てきます。各金融機関で独自の用語を使っているためなのですが、意味別に分類すると、わずか4種類に整理されます。

左ページのとおり、用語の意味さえわかってしまえば、商品の比較が容易に行えるようになります。

①金利の「基準」を示す用語

「店頭金利」「店頭表示金利」「基準金利」「標準金利」「ネット専用金利」など。各金融機関が金利タイプごとに定めている、住宅ローンの基準となる金利のこと。いわば、金利の「定価」です。

②金利の「基準」からの「値引き幅」を示す用語

「優遇幅○%」「○%優遇」「引き下げ幅○%」「優遇金利」など。実際に融資する際、店頭金利から何パーセント値引くかを示します。

③「実行金利」を示す用語

「表面金利」「適用金利」「借入金利」「優遇金利」など。店頭金利から「優遇幅」を引いた、実際に借り入れる際に適用される金利です。

④「当初数年の金利」を示す用語

「当初金利」「当初適用金利」「当初優遇金利」など。契約から数年後に優遇幅が小さくなる（＝金利が上がる）商品における、当初の表面金利（実売価格）のことです。そのため、優遇幅が小さくなった後の金利も計算しないと、本当に得な商品かどうかわかりません。現在の金利水準であれば「後で金利がアップする可能性が高い金利」と覚えておきましょう。

Check! 主な「〇〇金利」の意味を理解しておこう！

■4種類ある金利の違い

〈変動金利の広告例〉

①店頭金利 年2.475%
▼
③年0.47%
全期間
②最大年▲2.0%

〈当初10年固定の広告例〉

①店頭金利 年3.3%
▼
当初適用金利（10年）
④年1.29%
固定期間終了から完済まで
②店頭金利より▲1.5%

ここの店頭金利は、固定期間終了後（この場合10年後）の店頭金利

当初の優遇幅は3.3%－1.29%＝2.01%だが、固定期間終了後は1.5%に縮小されることが決まっている

①金利の「基準」を示す用語

「店頭金利」「店頭表示金利」
「基準金利」「標準金利」「ネット専用金利」

各金融機関で独自に設定。変動金利の場合、ローンの返済中でも、金利動向によって変動する可能性がある。

②金利の「基準」からの「値引き幅」を示す用語

「優遇幅〇%」「〇%優遇」
「引き下げ幅〇%」「優遇金利」

「優遇幅△%～〇%」と表示されている場合、引き下げの金利が申込者によって違う。店頭金利と違い、優遇幅は契約内容によって狭まることはあっても、金利動向によって変化しない。

③「実行金利」を示す用語

「表面金利」「適用金利」
「借入金利」「優遇金利」

②にも「優遇金利」があるのは本文にもあるとおり、金融機関ごとに用語統一されていないため、どちらの意味にも使用されている。

④「当初数年の金利」を示す用語

「当初金利」「当初適用金利」
「当初優遇金利」「キャンペーン金利」

ローン返済中の、優遇幅が小さくなった後の金利も計算に入れて総返済額を予測しないと、本当にお得な商品かどうかは判断できない。

商品選び⑥
ベストな商品選びは、3ステップで考えよう

商品選びの優先順位は「金利」から

住宅ローンの商品数は膨大です。一つを選ぶには、優先順位があります。まずは「金利タイプ」を決め、次に「金利」で候補を絞り、「総返済額＋諸費用」で決定します。

・第1ステップ「金利タイプ」の選択

４つの金利タイプ「全期間固定金利型」「変動金利型」「固定金利期間選択型」「ミックス型」のうち、どのタイプの商品にするかを決めます。１６４ページでふれたとおり、それぞれメリット・デメリットがあり、将来も含めた返済計画と深く関わります。

安定・安全を求めるなら、全期間固定金利型をおすすめします。変動金利型より金利が高いといっても、実際の貸し出し金利（適用金利）との比較で、現在の固定金利は以前の変動金利よりも低利です。

なかには、とりあえず変動金利で借りておいて、金利が上がり始めたら固定金利に借り換えようという人もいるでしょう。ただし、金利は固定金利のほうが変動金利より先に上がるしくみになっています。そのため、変動金利が上がり始めたときには、すでに固定金利も上昇しています。結局、その時点においては、より高い金利に借り換えることになるため、決断するのは簡単でないことを心に留めておきましょう。

・第2ステップ「金利」による絞り込み

金利タイプを決めた後は、その中から「金利」に注目して、商品を3〜5つ程度に絞り込みます。「保証料0円」「一部繰り上げ返済手数料0円」など、各商品ともいろいろなサービスを謳っていますが、金利0・1％の効果に勝るものはないからです。

たとえば、借入額３０００万円、借入期間35年（元利均等払い）、返済中に金利が変わらなかった場合、金利０・１％の差で総返済額は約60万円も違ってきます。商品によって、金利が０・２％、０・３％と違っていることはめずらしくありません。金利０・１％を軽視していると、住宅ローンを組んだ時点で数十万円、数百万円も多く支払うことを確定させてしまうことになります。

・第３ステップ「総返済額＋諸費用」で決定

最後は絞った候補の中から、借入れにかかる事務手数料などの諸費用も計算に入れて一つに決定します。その際、注意が必要なのは「当初10年は優遇幅○％、以降は△％」とされている当初期間優遇型の商品です。返済を開始してから数年後に優遇幅が変わることが確定しているもので、固定金利期間選択型に多くなっています（１７３ページ参照）。

優遇幅はその時点での店頭金利から値引かれます。将来の店頭金利は不明ですから総返済額はあくまで予測で計算することになります。シミュレーションサイトなどを使って、現在の金利が続いた場合と、２％、３％、４％などに上昇した場合の数パターンで計算して、リスクを検討してみるといいでしょう。

■A銀行の2つの変動金利型商品の比較

●借入金額3,000万円、返済期間35年の場合

商品タイプ	金利	事務手数料（諸費用）	支払い総利息	元金＋事務手数料＋支払総額
A商品	0.457%	648,000円（借入額×2.16%）	2,468,882円	33,116,882円
B商品	0.757%	43,200円（定額型）	4,158,947円	34,158,947円

※元利均等返済（借入期間中、金利変動はなかったと想定）

A商品は事務手数料は高いが、金利の差0.3%は大きく、B商品よりも支払総額は安くなる！

◎変動金利の5年ルールと1.25倍ルール

金利は半年ごとに見直されますが、返済額は5年間変わりません。また返済額が変わる場合でも、最大で1.25倍までとなります。

商品選び⑦ 安心できる借入額は年収よりも生活レベルで考える

借入可能額と返済可能額は別物

住宅ローンを考えるにあたって注意が必要なのは、「借りられる」と「返済できる」は同じではないことです。

借入可能額は、金融機関が借主の年収や勤続年数、ほかのローン借入額などを審査して、はじき出す数字です。

しかし、これは形式的な分析であって、各家庭の内情まで加味したものではありません。

たとえば、子どもの進学先が公立か私立かによっても、家計のゆとりは違ってきます。高齢者の親のいる家庭ならば、将来の介護のことも考えておかなければならないでしょう。

また、年収についても、将来、いくらもらえるかは、本人の能力はもちろん、勤務先の会社の経営状態や経済状態に大きく左右されます。

借入可能額が同じでも、家族構成やライフスタイル、また将来設計の違いで返済可能額は変わってくるのです。

返済可能額は自分にしかわからない

返済可能額は、借主が家計とのバランスで考えるべきものです。

一般的には「現在の家賃」＋「年間貯蓄額」が返済可能額だといわれます。

しかし、ゆとりある暮らしを希望するなら、そこから教育費や老後の資金などの貯蓄分を差し引いて計算する必要があります。

また、固定資産税や管理費・修繕積立金などのランニングコストも念頭に置いておかなければなりません。

頭金にはリスク回避の意味もある

とくに不動産の広告で「頭金ゼロで購入可」「月々のお支払い○万円より」という文面をよく見ます。「頭金がなくて、月々の支払いも今の家賃より安いならお得」と感じる人もいるかもしれません。

しかし、こうした広告はよく見ると、たいていはその時点の最低金利（変動金利）、返済期間35年で計算しています。同条件では融資を受けられないこともあります。広告はあくまで参考として考えなければなりません。

不動産仲介会社によっては、たずねられたことについては答えても、自ら不利な情報を教えてくれるとは限りません。ローンを支払うのは購入者自身なので、不動産仲介会社は責任をとらなくてよい立場にいるからです。

資金や融資についての一般的なシミュレーションはあくまで目安です。本当の返済可能額は家庭ごとに違うのですから、自分でじっくりと考えてみることが必要です。

■金利が1%上がったときの総返済額の変化

借入額2,500万円　返済期間25年を想定

〈金利0.5%の場合〉

月々返済額　**8万8,667円**　総返済額　**約2,660万円**

〈金利1.5%の場合〉

月々返済額　**9万9,984円**　総返済額　**約2,995万円**

金利が１%上がると

月々返済額　**1万1,317円増!**　総返済額　**約335万円増!**

※元利均等返済、全期間固定金利の場合

借りテク①
収入に不安があれば、「収入合算」「ペアローン」も！

ふたりの収入で審査する「収入合算」

160ページでお話ししたとおり、借入可能額は申込者の収入と返済負担率が基準になります。そのため、融資そのものはOKでも、希望融資額からの減額提示を受けることもあります。

申込者本人の年収によって減額される可能性が高いときは、共働きであれば、夫婦の「収入合算」で審査に申し込むのも手です。

申込者の収入に合算できる相手の金額は「申込者の収入の2分の1まで」「合算者の収入の2分の1まで」「合算者の収入全部」など金融機関によりますが、申込者と合算者の収入を合算した金額で借入可能額を算出してもらえるため、融資可能額がアップします。

注意したいのは、お互いの権利関係です。まず、どちらかが債務者、もう一方が連帯保証人となるパターン。連帯保証人は、債務者の返済が滞った際に返済の義務を負いますが、所有権の持ち分はありません。団信への加入はできず、住宅ローン控除も受けられません。

そのほかに、どちらかが主債務者で、もう一方が連帯債務者となるパターンがあります。たとえば、フラット35では、ふたりとも債務者となるため、それぞれが拠出した割合に応じて、不動産の持ち分が発生します。団信への加入も、住宅ローン控除もふたりとも認められます。

なお、夫婦だけでなく、親子や兄弟姉妹でも、合算できるものもあります（190ページ参照）。そもそも収入合算自体を認めていないところもあるので事前に確認しましょう。

それぞれ審査を受ける「ペアローン」

借入可能額を増やすもう一つの方法として、夫婦それぞれがローンを組む「ペアローン」があります。一つの物件に対して、夫婦それぞれがローンを組み、２つの住宅ローンを利用するというものです。

たとえば、５０００万円のマンションを頭金１０００万円、残りの４０００万円を住宅ローンで購入する場合、夫の名義で２０００万円、妻の名義で２０００万円の住宅ローンを組みます。夫婦それぞれの収入に対して借入可能額を計算するため、一人でローンを組むより借入可能額は大きくなります。

それぞれが住宅ローンを組むため、不動産の所有権は各々の負担割合に基づいた共有名義となります。住宅ローン控除はそれぞれが受けられますが、住宅ローン契約の際の事務手数料や印紙代は2倍かかります。

また、夫婦それぞれが住宅ローンの主たる債務者であると同時に、お互いの連帯保証人になることを求められます。そのため、どちらかが返済できないときは、もう一人が返済義務を負うことになります。

■収入合算とペアローンの違い

借入方法	ローン契約上の立場		住宅ローン控除の適用		団体信用生命保険への加入	
	A	B	A	B	A	B
収入合算（連帯保証タイプ）	借入者（債務者）	連帯保証人	○	×	○	×
収入合算（連帯債務タイプ）	借入者（主債務者）	連帯債務者	○	○	○	○
ペアローン	借入者（債務者かつBの連帯保証人）	借入者（債務者かつAの連帯保証人）	○	○	○	○

借りテク②
購入と同時リフォームなら、住宅ローンとまとめて借りる

リフォーム費を購入価格と一体化するローン

１２４ページでもお話ししたように、リフォームをするなら購入と同時がおすすめです。自己資金にゆとりがなくても、住宅ローンにリフォーム費用をプラスして借入れできる商品（リフォーム一体型ローン）もあります。

金利は住宅ローンとなるため、通常のリフォームローンより低く設定されていますし、返済期間は最長35年などの融資を受けられる商品です。

実際にリフォーム一体型ローンを利用して、中古マンションの購入と同時に間取り変更などのリノベーションをする人も増えています。

民間ローン、公的ローンともに商品数が豊富

リフォーム一体型ローンを取り扱う金融機関としては、みずほ銀行、りそな銀行、ＳＢＩ新生銀行など、多数あります。たとえば、みずほ銀行では金利は一般の住宅ローンのものを適用されます。

また、物件購入の契約とリフォーム費用の支払い時期に合わせて、融資実行を2回に分割することもできます（りそな銀行にも同様の商品があります）。

また、フラット35でも一般的なリフォーム一体型の商品と、性能向上のためのバリアフリー工事などを購入と同時に行う場合の「フラット35リノベ」といった商品があります。三井住友信託銀行、ＡＲＵＨＩ、優良住宅ローン、各地の地方銀行、信金、信組など、全国で約85の金融機関が取り扱っています（２０２２年10月1日現在）。

ただし融資の条件として、旧耐震のマンションの

場合、リフォーム完了後の瑕疵を未然に防止するための「リフォーム瑕疵保険」への加入が必須条件になります。

融資を申し込む時点でリフォーム費用を確定

リフォーム一体型ローンを利用する場合の流れを簡単に見てみましょう。まずポイントになるのは、審査にあたって工事費用の見積書が必要になることです。そのためローンに申し込む時点でリフォーム費用が確定していなければいけません。

物件が見つかる前から、依頼する複数のリフォーム会社の見当をつけておきましょう。そして購入する物件が見つかったら、売主に協力をお願いして早めに複数のリフォーム会社から相見積もりをとり、どの会社にするか決定します。

リフォーム一体型ローンでは、物件の購入代金の決済時と、リフォーム工事の着工時の2回に分けて融資を受けることが多くなります。

リフォーム工事は決済・引渡し後になります。すぐにリフォーム会社と工事請負契約を結び、着手金を支払ってスタートするという流れになります（残金は工事完了後に支払います）。

■「住宅ローン+リフォームローン」と「リフォーム一体型ローン」（フラット35）の比較

住宅ローン+リフォームローンを利用

	借入額	月々の返済額	金利	返済期間
住宅ローン（フラット35）	2,000万円	59,777円	固定1.35%	35年
リフォームローン	500万円	34,229円	変動2.875%	15年
合計	2,500万円	94,006円		

リフォーム一体型の住宅ローンを利用

	借入額	返済期間	月々の返済額	金利
フラット35リノベ	3,500万円	当初10年間	96,372円	固定0.85%
		11年目以降	102,310円	固定1.35%

※ARUHI（旧SBIモーゲージ）のフラット35リノベ（当初10年間の金利0.5%引き下げプラン）を利用した場合

リフォームローンを併用した場合よりも月々の支払いを抑えられる

借りテク③ 火災保険は補償内容をよく確認し、納得のいくものを選ぶ

火災保険への加入は住宅ローンの条件

住宅ローンの利用にあたっては、ほとんどの銀行が火災保険への加入を条件としています。火災保険は火災だけでなく、水災や風災など自然災害による損害に対する補償も付帯できます。次項の地震保険も火災保険とセットでないと加入できません。

火災や自然災害による損害で居住できなくなっても、住宅ローンの返済は免除されないため、火災保険への加入は必須なのです。たとえば、もらい火（類焼）でも、原状回復の費用は基本的に自分持ちとなります。原因が故意や重過失でないと、失火責任法により、火元に損害賠償請求できません。

また、近年、豪雨を原因とする水害が頻発しています。都心のマンションでも床上浸水の被害が生じていますし、バルコニーから部屋に浸水することも考えられます。こうしたときも火災保険に加入して、水災の補償を付帯していると安心できます。

補償対象は3つのタイプから選ぶ

火災保険への加入では、補償対象を「建物」「家財」「建物＋家財」の大きく3つから選びます。

建物部分は、さらに共用部分（玄関ホール、廊下、集会室など、居住者が共同で利用する部分）と専有部分（各住戸の壁、天井、床の表面など自分が区分所有権を持つ部分）に分かれ、前者は管理組合が一括して火災保険に加入します。自分で加入するのは、後者の専有部分についてのみとなります。

また、家財とは生活用の動産のことで、現金や小切手などは原則、補償の対象外です。貴金属につい

ては一般に時価で30万円程度のものまで対象となりますが、高額なものは契約時に保険会社に申告し、保険証券に明記してもらう必要があります。

なお、建物のみを補償対象とした場合、住居に付属の浴槽や調理台などは補償されますが、家具や衣類、家電製品などの家財については補償されません。

加入する火災保険は自分で選べる

火災保険は銀行側でも商品を用意していますが、自分で任意の火災保険を選ぶこともできます。そのことで、融資が不利になることはありません。ただし、銀行が用意する火災保険は団体割引が適用されることが多いため、同じ保険会社・補償内容の保険に加入するなら、個人で申し込むよりお得です。一方で、選べる商品は1～3種類程度に限られますし、不要な補償が組み込まれている場合もあります。

自分で任意の火災保険に加入する場合は、同等の建物や家財を再購入（原状回復）するのに必要となる「再調達価額」（新価基準）で保険金額を設定すること。まれに保険金を「時価」で算出する商品もあります。その場合、年数が経った建物や家財ほど支払われる保険金が少なくなってしまいます。

■主な損害の種類

損害の種類	補償対象となる損害例
①火災、落雷、破裂・爆発	失火や落雷での火事（含む類焼）、ガス漏れによる爆発
②水濡れ	給排水設備の事故などによる、自室や上階からの水濡れ損害
③風災、雪災、ひょう災	台風や暴風などによる損害
④水災	台風や豪雨などによる洪水や土砂崩れによる損害
⑤建物外部からの物体の落下、飛来、衝突	車が飛び込んでくるなどで発生した建物の損害
⑥盗難	窓ガラスを割られるなど、盗難による鍵や建物の損害
⑦突発的な事故による破損・汚損	家具や家電の移動中などに起きた、壁や窓ガラスなどの損害
⑧騒じょう・集団行動などに伴う、暴力・破壊行動	デモなど集団行動による暴力や破壊行為で受けた損害

中古マンションの
住宅ローン

借りテク④ 火災保険だけでなく、地震保険にもセットで加入する

地震保険単体では加入できない

地震保険は火災保険に付帯する形で加入するものです。そのため、火災保険に加入していないと、地震保険にも入れません。ただし、住宅ローンを借りるうえで、加入が義務づけられているわけではないため、加入する・しないは自由です。地震保険の付帯率は一戸建ても含めて、全国平均で約69％となっています（２０２１年度）。

一方で、火災保険にしか加入していない場合、地震による火災の損害はほとんど補償されません。地震が原因で延焼した損害も補償の対象外となります。ここでの延焼とは、地震後すぐ火事にならず、地震から数日経過している場合でも、地震がきっかけで広がったり、発火したりした火事については、火災保険では補償を受けられません。補償を受けるには、地震保険への加入が必須となります。

保険会社によって保険料に差はない

地震保険は国の関与する半公的な保険のため、各保険会社で保険料に差はありません（「地震補償保険」という単独で加入できる地震保険も登場していますが、こちらは民間の保険会社独自の商品で、一般に地震保険と呼ばれているものとは異なります）。地震保険の保険金額は建物５０００万円、家財１０００万円を上限に、火災保険の保険金額の30〜50％の範囲内で設定します。

ただし、実際に支払われる保険金額は損害の程度によって決まり、建物・家財とも、次のようになります。

・全損：保険金額の１００％（時価が限度）
・大半損：保険金額の60％（時価の60％が限度）
・小半損：保険金額の30％（時価の30％が限度）
・一部損：保険金額の５％（時価の５％が限度）

なお、前述のとおり、どの保険会社でも保険料率は一律ですが、地震のリスクによって、保険料に地域差はあります。

補償範囲は火災保険と同じになる

加入にあたって注意が必要なのは、地震保険の補償対象も火災保険と同じく、「建物」「家財」「建物＋家財」の３つに分かれ、火災保険の契約と同一になることです。

また、いったん火災保険に加入した後、あとから地震保険を付帯する場合は、契約応答日（契約期間中に毎年迎える契約日に対応する月日）での契約となります。それより前に加入するには、加入中の火災保険を解約して入り直す必要があるため、手間です。そうでなくても、保険は最悪の事態の備えとして加入すべきものです。できれば、住宅ローンを組む際に、火災保険に地震保険を付帯して、「建物＋家財」を補償対象にしておくことをおすすめします。

■地震保険1,000万円当たりの年間保険料

都道府県	保険料（マンション）
北海道、青森県、岩手県、秋田県、山形県、栃木県、群馬県、新潟県、富山県、石川県、福井県、長野県、岐阜県、滋賀県、京都府、兵庫県、奈良県、鳥取県、島根県、岡山県、広島県、山口県、福岡県、佐賀県、長崎県、熊本県、大分県、鹿児島県	7,300円
宮城県、福島県、山梨県、愛知県、三重県、大阪府、和歌山県、愛媛県、香川県、宮崎県、沖縄県	11,600円
茨城県、徳島県、高知県	23,000円
埼玉県	26,500円
千葉県、東京都、神奈川県、静岡県	27,500円

※2023年2月現在

借りテク⑤ 長期で借りて、余裕があれば繰り上げ返済する

返済期間中に、金融機関が認める額以上のまとまった金額を前払いすることを、繰り上げ返済といいます。

繰り上げ返済の2つのタイプ

融資額を大きくするには、できるだけ長い期間でローンを組むのが基本です。しかし、35年でローンを組んでも、実際はもっと短い期間でローンを完済してしまう人がほとんどです。なぜならば、ローンを短い期間で返済できるように繰り上げ返済する人が多いからです。

繰り上げ返済したぶんの金額は、元金の返済に充てられるため、その部分の利息が軽減されます。ですから、繰り上げ返済をする時期が早ければ早いほどメリットは大きくなります。

繰り上げ返済には、返済したぶん返済期間を短くする「返済期間短縮型」と、毎月の返済額を減らす「返済額軽減型」の2種類があります。繰り上げ返済するたびに、どちらかを選べるのがふつうです。

おすすめは返済期間短縮型

繰り上げ返済の効果がより高いのは返済期間短縮型です。返済期間が短くなれば短くなったぶんだけ支払い利息が減るので、総返済額が少なくなるからです。ただし、再度返済期間を延長することは基本的にはできないため、注意は必要です。

返済額軽減型の繰り上げ返済は、家計がどうしても苦しいときの緊急措置として考えるべきです。毎月の返済負担は減らせますが、総返済額は返済期間短縮型に比べて多くなってしまいます。

ただし、いくら支払い利息が減るからといって、手元資金が厳しくなるまで繰り上げ返済するのは考えものです。子どもの教育費や予想外の出費のために、一定の資金は手元に残しておきたいものです。

ネットバンキングなら手数料がお得

なお、繰り上げ返済をする場合、金融機関によって手数料がかかることがありますが、インターネットで手続きできるところでは無料になることが多いようです。

また、借入時に保証料を一括払いしている場合、保証料の一部が戻ってきますが、その際の保証会社の事務手数料も確認しましょう。無料のことも多いですが、窓口で手続きする場合は１万円程度かかるケースもあります。

手数料が無料で、預金が一定額を超えると自動的に繰り上げ返済を行ってくれるローンや、預金残高ぶんの金利がかからない預金連動型ローンもあります。

フラット35では、繰り上げ返済日の１カ月以上前に申し込む必要があり、繰り上げ返済できる金額は１００万円以上です。なお、手数料は不要です。

■繰り上げ返済方法&返済時期の比較

3,000万円を返済期間35年、全期間固定金利1.5%で借り入れ、3年後もしくは10年後に繰り上げ返済した場合の比較

		返済期間短縮型		返済額軽減型	
	繰り上げなし	３年後に繰り上げ	10年後に繰り上げ	３年後に繰り上げ	10年後に繰り上げ
返済期間	35年	33年7カ月	33年9カ月	35年	35年
毎月返済額	91,855円	91,855円	91,855円	88,574円	87,855円
総返済額	約3,858万円	約3,798万円	約3,814万円	約3,832万円	約3,838万円
利息減少額	ー	約60万円	約44万円	約26万円	約20万円

※返済額軽減型の毎月返済額は、繰り上げ後の金額。元利均等返済

３年後の繰り上げのほうが10年後よりも約16万円お得！

返済額軽減型よりも総返済額で約24万円お得！

相談① 夫婦ふたりの名義にするにはどうすればいいの？

持ち分は出したお金の比率で決まる

購入した物件の名義は、出したお金の比率に応じて持ち分（共有）登記するのが決まりです。

たとえば、住宅ローンを借りるときに、妻の独身時代の貯金を頭金として支払ったり、妻の稼ぎを収入合算した場合は、夫婦の共有名義となります。

具体的にいうと、３０００万円の物件を購入し、妻が預金６００万円を頭金に、残り２４００万円を夫の住宅ローンで負担した場合、妻の持ち分5分の１、夫の持ち分5分の4で登記します。

逆に、夫婦で買うマンションだからといって、妻が直接資金を出していないのに共有名義にすると、夫から妻への贈与となり、贈与税を課せられることになります。

共有名義にしたいときの方法

共働きでも、金融機関によっては、収入合算を認めないところもあります。こうしたときでも、共有名義にする方法は残されています。それにはまず、夫の名義でローンを組み、夫が妻へ購入資金を貸した形をとるのです。

そのうえでお金を借りた妻は、毎月、夫に返済を行います。このとききちんと契約書をつくり、返済している証拠を通帳などに残しておかないと、贈与と見なされてしまうので注意してください。妻からの返済は契約書どおりに行い、変則的に返済することは避けましょう。

妻に収入がない場合は、残念ながらこの方法も利用できません。妻から夫への返済能力が認められないからです。どうしても共有名義にしたい場合は、贈与として申請するしかありません。

共有名義のメリットは意外に少ない

共有名義のメリットは、相続時に相続財産が少なくなり、節税対策になる点です。

また、共有名義にすると、ふたりで住宅ローン控除が受けられると勘違いしている人もいるようですが、これは間違いです。住宅ローン控除はローン残高に応じて算出します。控除の対象となるのは、「ローンの債務者」だけです。「マンションの名義」と「ローンの債務」は別の話なのです。

最近では、夫と妻が「連帯債務者」になれる住宅ローンも登場しています。共働きであれば夫婦で別々に住宅ローンを組むことも可能です。この場合はふたりとも債務者なので、夫婦それぞれ住宅ローン控除を受けられます。ただし、１９６ページで見るように、配偶者が死亡した場合に、自分の債務は残るというリスクがあります。

離婚したときは、共有名義にしていると財産分与が難しくなり、協議が長期化するケースも少なくないのが現実です。

■共有名義のメリット・デメリット

〈メリット〉

- ●勝手に名義変更（売却など）されることがない
- ●どちらかが亡くなったとき、相続税が軽減される

〈デメリット〉

- ●離婚の際の財産分与が難しい
- ●共有者の承認を得ないと売却できない

■夫婦で連帯債務者になるメリット・デメリット

〈メリット〉

- ●ふたりで住宅ローン控除を受けられる
- ●ふたりの共有名義となる

〈デメリット〉

- ●ローンを別々に組んだ場合、手数料も２倍必要
- ●どちらかが失業したら、片方がローンを全額負担することに
- ●どちらかが死亡しても片方のローンぶんは残る

相談② 中古マンションでも親子二世代ローンは使えるの？

二世代ローンのメリット

金融機関によっては、親子で二世代ローンを利用できます。２つのタイプがあり、「親子リレー方式」は申込者の子どもなどを連帯債務者として後継者に指定し、後継者が返済を継続するもの。一方「親子ペア方式」は親と子でそれぞれ同時にローンを組み、返済もそれぞれで同時に行っていくものです。

二世代ローンの最大のメリットは、融資額を増やせたり、返済期間を長くできたりする点。ある程度の年齢になってからの借入れでは、返済期間が長くとれず、融資金額を制限されがちですが、同ローンの利用により解決することができます。

親との同居が利用の条件

親子リレー方式の場合、団体信用生命保険には、子どものみ加入できるのが一般的です。親が死亡したときには、返済を子どもが引き継ぐことになります。親子ペア方式の場合は、親のぶんの返済は免除されますが、子どものぶんの返済は残ります。

ただし、親との同居、もしくは将来同居の予定がある、などの条件がつく場合がほとんどです。また、二世代ローンで購入した物件は親子の共有名義となるのがふつうですから、相続のときにほかの兄弟姉妹ともめないよう、事前に話し合っておくことが大切です。

なお、相続税の基礎控除額は、６００万円×法定相続人の数＋３０００万円です。今後、子どもに残す資産は不動産の評価額を含め、きちんと把握しておきましょう。

Check! 親子二世代ローンのメリットとデメリット

メリット（親子リレーローン）

- ◎すぐ同居する場合は親子の収入合算が認められ、融資額を増やせる
- ◎子どもの年齢を基準にするため、返済期間を長くでき、借入額を増やせる（夫婦の収入合算にはない長所）

デメリット（親子リレーローン）

- ◎長期返済はそれだけ利息ぶんの払いがふくらむ
- ◎親子の借入金額、返済金額、共有持ち分があいまいになる(子どもの共有持ち分は1/2まで。相続でトラブルになる可能性も)
- ◎親が死亡したとき、債務が免除されない

メリット（親子ペアローン）

- ◎親子別々にローンを組むので融資額を増やせる
- ◎親子の借入金額、返済金額、共有持ち分が明確
- ◎親が死亡したとき、親の債務が免除される

デメリット（親子ペアローン）

- ◎多く借入れができるため、借りすぎが心配

プロからのアドバイス

親子リレー返済では、借入額を増やせますが、子どもに多額の借金を残すことのないようくれぐれも注意が必要です。

中古マンションの 住宅ローン

相談③ 買い替えの場合でも住宅ローンは借りられるの？

売却代金を残債に充てる「住み替えローン」

住宅ローンは一人一本が原則です。今の住まいの住宅ローンを完済していないと、通常の住宅ローンを新居用に組むことはできません。そのため、残債のある人がマイホームを買い替える際は、「住み替えローン（買い替えローン）」または「ダブルローン」を利用することになります。

前者の住み替えローンは、今の住まいの売却代金を返済に充て、それでも完済できなかった場合、「残債分＋新居の購入代金」をまとめて借りるものです。

ただし、新居の購入用に借りられる金額はどうしても少なめになります。また、残債の額を確定させなければならないため、売却と購入の決済日を同日に設定する必要があります。たとえば、購入したい物件が見つかったら、急いで売却も成立させなければならないということです。実際に利用するのは、かなりハードルが高いといえます。

2本のローンを組む「ダブルローン」

一方、ダブルローンは今の住まいの住宅ローンはそのまま返済していき、それに加えて、新居用にもう一本別に住宅ローンを組むものです。前述した一人一本の原則から外れるため、ダブルローンに対応している金融機関はごく一部です。

住み替えローンとは異なり、売却と購入の決済日を同日にする必要がないため、売買をあわてずに進められる点はメリットです。ただし、残債が多いと、新居用の融資可能額は非常に限られるとともに、売却が長引けば、その間、2本分のローンを返済していかなければならないことになります。こちらも利用のハードルは高くなっています。

住み替えにも使いやすい「フラット35」

そこで、現時点で知っておきたいのが、フラット35で二重にローンを組む方法です（すでにフラット35で借りている人は除く）。基本的にはダブルローンですが、住み替えローンや一般のダブルローンと違って、借りられる金額が大きい点が魅力です。

その理由は、今の住まいの売却の意思を示すだけで（不動産会社との媒介契約書等を提出）、現在の残債はないものとして、新居用の借入可能額を審査してもらえるからです。

しかも一時的に併用できるので、売却と購入を同日決済にする必要もありません。売却が決まるまでの間、2本のローンを返済していかなければならないリスクはありますが、自宅の売却を焦りたくない人や、先に新居を確保したい人は検討の価値があります。

ただし、利用するには年収など相応の条件を満たしている必要があります。

■「住み替えローン」「フラット35」を利用する主な流れ

住み替えローン

①現在の住まいの売却価格を複数の不動産会社に査定してもらう
②査定価格などを参考に、住み替えローンを利用する金融機関に相談する
③住み替え先の売買契約を「買い替え特約」付きで結ぶ
④現在の住まいの売却と同時に住み替えローンの融資を実行してもらい、住宅ローンの残債と新居の購入代金を決済する

フラット35

①現在の住まいの売却価格を複数の不動産会社に査定してもらう
②住み替え先が決まったら、現在の住まいの売却を不動産会社に依頼して、媒介契約を結ぶ
③ローンを申し込む際に、媒介契約書を提出して、住み替えの意思を示す
④新居の住宅ローンの融資を実行してもらい新居の決済をする
⑤一時的に2つのローンを返済する
⑥前の住宅を売却し、決済と同時に前の住宅ローンを返済する

プロからのアドバイス

フラット35も通常のダブルローンと同じく、現在の住宅ローンを売却額で完済できないときは、自己資金で返済しなければなりません。査定価格よりも200万～300万円安く売っても完済できるか、確認しておきましょう。

相談④ もし返済が厳しくなったらどうなるの？

まずは融資を受けている金融機関に相談

綿密な返済計画を立てていても、完済までは何十年とかかります。その間に不測の事態が起こることも十分考えられます。リストラ、倒産などによる突然の失業、交通事故や病気による長期入院といった理由で債務者が安定収入を得られなくなった場合、返済の負担は家計に重くのしかかってきます。

もし、返済の遅れが長く続くと、残債の一括返済を迫られ、物件を手放さなければならなくなることも出てきます。

だからといって、間違っても消費者金融など別の借入れで賄おうなどと考えてはいけません。住宅ローンの35年返済、全期間固定金利がせいぜい1・5%前後であるのに対して、消費者金融の金利はおおむね10~18%程度。早晩、破綻することは目に見えています。

するべきことはまず、融資を受けている金融機関に相談することです。返済が遅れそうなときは、早め早めに手を打つのがポイントです。

返済方法の変更を交渉する

相談される側の金融機関は、思っているより好意的なはずです。なぜならば、担保となっている住宅を処分するにはそれなりに手間ひまがかかります。さらに、担保の処分にあたって元金が回収できるとは限らないからです。

ですから、何年、何十年ときちんと返済してきた実績があり、今後の返済を継続できる見込みがあれば、一緒に解決法を考えてくれるでしょう。

返済方法の変更で、よく行われるのは、「返済日の変更」「返済期間の延長」「一定期間の返済額の減額」「ボーナス返済の取り止め」などです。

もちろん、月単位、年単位の返済額を減らせば、短期的な支払い負担は減りますが、総返済額は増えることになります。

フラット35では、もっと具体的な制度化が図られていて、病気や離職などの事情で返済が困難になった場合、手数料不要で返済期間を最長15年延長できることになっています。

さらに、失業した人や収入が20%以上減少した人は前記に加え、元金の支払いを一時休止し、利息のみ支払う期間を最長3年まで設定できます。この場合、利息のみ支払う期間は金利を引き下げることができる場合もあります。

不況などの理由でなくても、月々の返済に困るようなときには、手数料はかかりますが、返済方法の変更は可能です。

状況にもよりますが、長期にわたって返済が困難になる場合、延滞金などで利息がふくらむ前に売却するなど、根本的な解決を図るほうが得策といえるでしょう。

■返済額を一定期間、減額する場合の例

〈プロフィール〉

融資額2,000万円、金利3.00%、25年返済、返済開始4年経過時点で適用の場合

減額前	毎月の返済額	7万6,970円
減額期間中（3年間）	毎月の返済額	5万0,000円
減額期間後	毎月の返済額	8万1,436円

Down

Up

※住宅金融支援機構のホームページを参考に作成

プロからのアドバイス

減額期間が終了した後の返済額は増加します。総返済額も増加することは承知しておきましょう。

中古マンションの 住宅ローン

相談⑤ 夫（ローン債務者）が死亡したとき返済はどうなるの？

債務者が夫だけなら住宅ローンは残らない

返済期間中に万一のことがあった場合のために、民間の住宅ローンでは、ほとんどの場合、団体信用生命保険に加入させられます。

債務者が死亡したり、高度障害状態になるなどした場合、団信に入っていれば、保険会社が債務者に代わって金融機関に借入残高を支払うため、残された家族に住宅ローンは残りません。

団信は死亡保険の一つですが、すでに別の死亡保険に加入している場合でも、加入することをおすすめします。団信はほかの生命保険と比べて割安な保険だからです。

なお団信には、従来の死亡、高度障害状態に加え、がん、急性心筋梗塞、脳卒中の三大疾病を保障する商品も登場しています。リスクに備えたい人には、うれしい保険です。最近はさまざまな保障のついた団信を選べる金融機関も増えています。

連帯債務のときは保険にふたりで加入を

住宅ローンを組むときに夫婦で収入合算した場合（178ページ参照）も、連帯保証型ならローンの名義人が夫だけで、その夫が亡くなったとき、ローンのその後の返済は全額免除されます。

妻に返済義務が生じるのは連帯債務型ローンの場合か、夫婦が別々にローンを組んでいた場合です。夫婦ふたりでローン債務者になると、夫が死亡した場合、夫のぶんの返済については免除されますが、自分のローンは返済し続けなければなりません。住宅ローン減税を夫婦で受けられるというメリットがある一方で、万一のときのリスクは大きいのです。

とくに注意が必要なのは、連帯債務型で団信に加入できるのが、一人（主に契約者）だけという場合です。仮に夫だけが加入し、妻が加入していないと、妻が死亡するなどした場合、妻の債務は免除されずに夫が引き継ぐことになります。もともと保険に加入していないわけですから、保障の対象とはならないわけです。こうした事態を避けるためには、保険料が2倍になったとしても、任意でもう一人も加入しておくことをおすすめします。

住宅金融支援機構の団信には連帯債務である夫婦で加入できる「デュエット」という制度があります。保険料としてフラット35（団信加入時）の金利に0・18％上乗せされます。どちらか一方の加入者が死亡または高度障害状態となった場合、夫婦の借入額全額が免除されます。唯一、マイナス点は三大疾病付き団信ではデュエットを利用できないことです。

また、親子リレー返済の場合も、親が高齢の場合、団信に加入できるのは連帯債務者となる子どもだけです。こちらは親の死亡時には、全額子どもが支払い義務を負うことになります。

■夫が死亡したとき妻に返済義務が残るのか？

返済義務なし

◎住宅ローンの債務者が夫だけのとき

◎夫婦で収入合算（連帯保証）したとき

返済義務あり

◎夫婦で連帯債務型ローンを組んだとき

◎夫婦それぞれがローン（ペアローン）を組んだとき

ローンの債務者が誰であるかが重要！
自分名義のローンの返済義務は残る

プロからのアドバイス

収入合算した妻が死亡した場合、夫の収入だけではローンの返済が賄いきれないことも考えられます。生命保険などの妻の死亡保障を高めにかけておくような対策も必要かもしれません。

COLUMN

住宅ローン金利の上昇に備えるには

2022年12月に日銀がこれまで0.25%程度としていた長期金利の指標となる「10年物国債の利回り」の上限を0.5%程度に引き上げました。マイナス金利政策は維持するとしており、直接的な利上げではありませんが、実質的な利上げといわれています。歴史的なインフレで海外の中央銀行が利上げに動いており、日本の国債利回りにも上昇圧力が強まっていたためと見られています。

では、今後、金利が上昇した場合、住宅ローンの金利はどうなるのでしょうか。実際、前記の上限引き上げによって、大手銀行が同年12月に発表した2023年1月の平均基準金利は0.24%上昇しました。ただ、この金利は新規に借り入れする長期固定型住宅ローンの金利で、変動金利型の住宅ローンは新規借入、既存の借入ともに影響を受けませんでした。

住宅ローンは長期固定金利や変動金利など商品の種類によって連動する金利が異なるため、こうした現象が起きます。長期固定は「10年国債利回り」、変動金利は「短期プライムレート」の影響を受けます。また、短期プライムレートは「無担保コール翌日物」と呼ばれる金利に連動し、無担保コール翌日物は「政策金利」に影響を受けます。したがって、今後、政策金利が上昇すると、変動金利は徐々に上昇することになります。ただ、変動金利型は164ページでも説明している「5年ルール」と「1.25倍ルール」があるため、すぐに返済額が変わることはないものの、負担する利息は増えてしまいます。

今日の経済情勢を考えると、金利が上昇していく可能性は高いものと思われます。これから変動金利型の住宅ローンを利用してマンションの購入を検討している人は、金利上昇を想定して「借り過ぎないこと」「金利が上昇したら繰り上げ返済すること」を念頭に置きましょう。

第6章

これで安心！
売買契約のチェックポイント

購入の申し込みから引渡しまでのスケジュール

購入申込書は購入の意思表明

購入したい物件が決まったら、仲介する不動産会社に「購入申込書」を提出します。不動産会社はこの申込書を売主側に提出し、価格やほかの取引条件を調整して、売買契約の段取りを進めます。購入申込書は買手の購入意思を明確にするもので、法的な拘束力はありません。仮に契約に至らなかった場合でも、ペナルティを科されることはありません。

契約内容がまとまったら、売主・買主双方の日程調整後、契約日を決めます。取引内容や条件、物件の現況などの重要事項について宅地建物取引士より説明を受け、納得したうえで売買契約へと進みます。

売買契約後の解約にはペナルティが発生

契約内容に合意できれば、売買契約書に署名、押印します。この際、売主への手付金（頭金）など一部代金を支払うのが通例です。この時点で売買契約は成立するため、その後の契約解除には、基本的にペナルティが発生します。

売買契約後すぐ住宅ローンを申し込み、金融機関の本審査を受けます。仮に融資が下りなかった場合でも、契約書に「ローン特約」の記載があり、期限内であれば、違約金なしで契約を解除できます（契約前に必ず記載を確認します）。

融資が決定したら、金融機関と「金銭消費貸借契約」を結び、決済日に融資実行となります。決済日には売主・買主・仲介会社・司法書士が集まり、残金の支払いなどを確認。売主から買主に物件の鍵が引き渡され、物件の所有権の移転も同日に行います。

Check! 購入の申し込みから引渡しまでのスケジュール

購入申し込み

「購入申込書」を仲介会社に提出し、交渉の優先権を獲得。このとき価格交渉も行う。

（0〜1週間）

不明点の確認
契約条件の調整

（1〜2週間）

重要事項の説明
付帯設備の確認

契約時に同時に行われるのが一般的。ただし、ふつう契約当日を迎える前に事前説明がある（ない場合は書類のコピーを入手し、読み込んでおくこと）。

（同日〜2・3日）

不動産売買契約

手付金など一部代金の支払い。契約後の解除にはペナルティが発生。

（0〜数日）

住宅ローンの申し込み

重要事項説明書や売買契約書、手付金の領収書なども融資の正式申し込みには必要。

（1〜4週間）

融資承認
金銭消費貸借契約

融資承認後、ローンを借りるための金銭消費貸借契約を結ぶ。

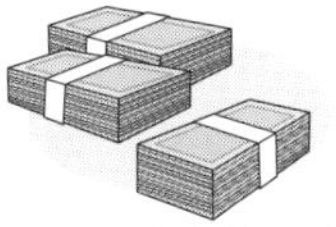

（1〜2週間）

融資の実行
売買代金の決済
鍵の引渡し
所有権移転、抵当権設定
登記の申請

金融機関に売主・買主・仲介会社・司法書士が会し、残金の支払いを確認。鍵の引渡し。司法書士に登記申請を委任。

（1〜2週間）

入居へ　権利証、登記簿謄本などの到着

登記申請後１〜２週間程度で登記識別情報（いわゆる権利証）が届くので大切に保管すること。

中古マンションの契約と法律

申し込みから引渡しまでの資金の流れ

中古マンションでは「申込証拠金」は不要

前項のスケジュールの各段階で、どういった費用が必要になるか見ていきましょう。

新築マンションを購入する場合は、購入申込書と一緒に、5万～20万円の「申込証拠金」を支払うことが多いようです。しかし、中古マンションの場合、一般的に申し込みにあたって費用は発生しません。

申込者が最初に支払うのは、不動産売買契約時に支払う「手付金」です。契約成立後、頭金の一部になるもので、契約成立の証拠となります。

手付金の相場は、物件価格の5～10%が一般的です。仮に５０００万円の物件であれば２５０万～５００万円が必要となります。１００％ローンを前提としている場合でも、金額が少額になることはあっても、手付金を支払うことがふつうです。

手付金を支払った後に、買主の一方的な都合で所定の手付解除期限内に契約を解除する場合は、手付金がペナルティとして全額没収され、その期限を過ぎると違約金が発生します。契約には十分な注意を持ってのぞむことが大切です。

住宅ローンの融資実行と同時に残金決済

契約後、金融機関に住宅ローンを申し込み、無事融資承認の連絡があった後、決済・引渡しの日取りを決め、融資する金融機関や不動産会社などに売主・買主・仲介会社・司法書士が集まって、残金の決済や各種精算を行います。

決済日には、借入金全額が金融機関から買主の口座に振り込まれ、購入代金の残金を買主の口座から売主の口座へと送金します。固定資産税、都市計画税の買主負担ぶん、マンション管理費などの買主負担ぶんについても、同時に精算を行います。

　司法書士に支払う登記費用や報酬についても、決済日に済ませてしまうのがふつうです。買主・売主のどちらが登記費用を負担するかは契約時に決めており、買主が負担するケースが多いようです。

　なお新築マンションなどの場合、経費削減のため、登記を買主が自分で行うケースもあるようですが、中古マンションでは売主・買主の双方が関与するため、問題が起きないよう司法書士に依頼します。

仲介手数料は「取引金額の３％＋６万円」

　不動産会社への仲介手数料は、物件価格が４００万円超の場合、物件価格の３％＋６万円（＋消費税）が上限です。不動産売買契約時に半金を支払い、残金決済時に残りを支払う場合もあります。

　所有権移転登記の申請は決済日中に行うのがふつうです。同席の司法書士が決済終了後ただちに所有権移転・抵当権設定登記の申請に向かいます。登記識別情報（権利証）は１～２週間程度で買主のもとに郵送されます。

■購入の申し込みから物件の引渡しまでにかかる費用

不動産売買契約時

●必要な費用

◎手付金＝物件価格×5～10%

物件価格3,000万円の場合、相場は150万～300万円。

※このほか、仲介手数料の半金が必要な場合も

◎印紙税

決済日（住宅ローン融資実行時）

●必要な費用

◎物件代金残額＝物件代金－手付金

◎仲介手数料＝物件価格×3%＋6万円（＋消費税）（またはその残金）

※売買価格400万円超の場合の上限

◎固定資産税など買主負担分

◎管理費や修繕積立金などの日割分

◎司法書士報酬

◎登記手数料、印紙税などの諸費用

ほか

「重要事項説明書」のチェックポイントを知ろう

事前にコピーをもらって読み込んでおくこと

不動産売買契約を結ぶ前に、不動産会社は買主に対して、「取引物件」や「取引条件」について、宅地建物取引士が書面と口頭で説明することが義務づけられています。この書面が重要事項説明書です。

重要事項の説明は、売買契約当日に行うのが一般的ですが、記載内容が多いため、その場ですべて理解するのは大変です。事前にコピーを入手し、内容をよく読んで契約にのぞむとベターです。

すべてが重要ですが、なかでも念入りにチェックしたいのは、「抵当権」「管理費や修繕積立金の滞納の有無」「ローン特約」「特約事項」などです。

わからないことは納得できるまで質問を

中古マンションの場合、ローンの返済途中で売りに出されるケースでは抵当権が残っています。その場合は引渡しまでに抹消することが絶対条件になりますので、契約書の記載を確認しましょう。同様に管理費や修繕積立金に滞納がないかも確認します。

滞納があるまま契約すると、法的に買主に支払い義務が発生するので、引渡しまでに売主に支払いを終えてもらうか、決済日に精算するようにします。

ローン特約は、融資が下りなかったときに、違約金なしで契約を解除できることを取り決めたものです。ローン特約の有無、期日などについて必ず確認しましょう。

このほか、その物件や取引独自の取り決めが記載されるのが特約事項です。その内容は、とくに重要なことが多いので必ず確認しましょう。

■重要事項説明書の主な内容とチェック事項

項目名		記載内容	チェックポイント
登記簿に記載された事項	表題部	土地・建物を特定する情報	登記簿の面積と築年数を確認し税制上の軽減措置が受けられるかを調べる
	甲区	所有権についての情報	所有者が売主と同じであることを確認。売主と違っている場合は、引渡し時には買主名義の所有権移転登記ができることを契約書に明記してもらう
	乙区	所有権以外の権利関係についての情報	抵当権が設定されている場合、引渡し時には確実に抹消されることが契約書に明記してあるか確認
法令に基づく制限の概要		都市計画法や建築基準法などに基づく制限について	建て替えの場合、どんな建物が建てられるかを確認
1棟の建物や敷地の権利や管理・使用に関する事項	敷地に関する権利の種類・内容	所有権・地上権・賃借権など敷地の権利の種類と内容	地上権・賃借権の場合は、借地料や更新料を支払わねばならない。賃借権の場合は将来売却するときに地主の承諾が必要になることも
	共有部分に関する規約	居住者全員で共有する部分について	共有部分の範囲や規則を確認
	専用使用権の内容	駐車場や専用庭など専用部分について	専用部分の内容とその使用料、使用料の充当先を確認
	修繕積立金・管理費の金額	修繕積立金と管理費の用途や負担額、管理を委託している場合、その会社の名称など	滞納がないか。修繕実績や長期修繕計画に見合う残高があるかなどを確認
代金、交換差金、賃借以外に授受される金銭の額、金銭の授受の目的		手付金額や固定資産税・都市計画税の売主との分担金などについて	手付金が「契約時には売買代金の一部に充当する」と明記されているか確認 ※固定資産税・都市計画税は、その年の1月1日の物件所有者に支払い義務があるため、契約時に買主は売主に日割り計算で負担分を預ける
契約の解除に関する事項		契約を解除する際の取り決め。解約可能な期間や手付金の扱いなど	「融資利用の特約による解除」(ローン特約)がついているかを確認。ついていれば契約履行できなかった場合に、手付金が全額返還される
損害賠償の予定または違約金に関する事項		売主や買主の責任で契約が解除される場合などについての違約金の取り決め	損害賠償の予定額と違約金の合計額は売買代金の上限2割まで
金銭の賃借に関する事項		住宅ローンから融資を受ける場合、貸し出し金融機関名や融資額など	ここにも、融資が下りなかった場合の措置が「契約の解除に関する事項」の項目と同じ内容で記載されているか確認
売主の契約不適合責任		物件の引渡し後に発見された問題について、いつの時点まで売主に責任が発生するかなど	瑕疵に限らず、重要事項説明書・契約書に記載がなく、使用に堪えない不具合が対象。発見の期限を数カ月以内と設定しているのが通例。記載のある不具合は対象外なのできちんと確認する

中古マンションの
契約と法律

「付帯設備表」「物件状況報告書」で建物・設備の現況を確認しよう

引渡し時の設備を確認

売買契約を結ぶ前に確認しなければならないのが、付帯設備の扱いについてです。中古マンションの場合、エアコンや照明器具などの設備は売主が新居に持っていくこともあります。

そこで、引き渡しする設備を明記するのが「付帯設備表」です。付帯設備表は重要事項説明書と違って、法的には作成が義務づけられてはいませんが、必ず作成してもらいましょう。できれば、事前にコピーをもらって確認しておきたいものです。

付帯設備の確認で気をつけたいのは、どの設備が引き渡されるかだけでなく、不具合や故障がないかなどもチェックすることです。エアコンなどは修理にも廃棄にもお金がかかるので、故障の場合について、契約時に売主と取り決めておきましょう。

契約前に物件の状態を再確認しよう

付帯設備以外の建物の状況については、「物件状況報告書」として書面化するのが一般的です（物件状況告知書ともいう。付帯設備表と一つになっていることが多い）。雨漏りや配水管の故障、修繕履歴など、売主が知っていることが記載されています。

付帯設備表や物件状況報告書は、民法改正により契約不適合責任となったため、より重要なものとなりました。記載のある不具合箇所は売主責任の対象外となるため、細部まで確認する必要があります。

また、付帯設備で古いエアコンなど不要な物がある場合は、引渡し時までに撤去してもらうよう、取り決めをしておきましょう。

Check! 引渡し時の設備や建物状況をチェック！

付帯設備について

付帯設備表および物件状況等告知書

1．付帯設備表

「付」に○印のある設備等は、現況で売買物件に付帯されているものです。
「無」に○印のある設備等は該当の設備が無いか、あるいは売主が撤去するものです。
設備等には、経年変化および使用にともなう性能低下、損傷、汚れ等があります。

		設備名称	付帯の有無	設備の状態等
屋内設備	居室設備	照明器具	付（　台）・無	
		冷暖房機	付（３台）・無	（使用可・一部故障有り・使用不能）故障の状況
		冷房機	付（　台）・無	
		暖房機	付（　台）・無	
	水回り設備	風呂一式	付・無	
		換気扇	付・無	
		給湯機（　号）（ガス・電気・バランス釜）	付・無	（使用可・一部故障有り・使用不能）故障の状況
		瞬間湯沸器	付・無	
		乾燥機	付・無	
		トイレ器具一式	付（２台）・無	（保温便座　有（　台）・無　洗浄器　有（　台）・無
		洗濯機用防水パン	付・無	
		洗面台	付・無	
	台所設備	ガスレンジ	付・無	（使用可・一部故障有り・使用不能）故障の状況
		電磁調理器	付・無	
		オーブンレンジ	付・無	
		流し台セット	付・無	
		レンジフード	付・無	

設備がついているかどうかだけでなく、実際に使用できるかも確認すること。場合によっては、売主負担での撤去を依頼。

物件状況について

2．建物の状況　＊売主の瑕疵担保責任の範囲は、売買契約書に定められたとおりです。

(1)雨漏り	●現在まで雨漏りを発見していない。 ●過去に雨漏りがあった。（箇所：　） 修理：未・済　昭和・平成　年　月頃 ●現在雨漏り箇所がある。（箇所：　） 未修理のまま引渡し・売主負担で修理予定　平成　年　月頃
(2)シロアリの害	●現在までシロアリの被害を発見していない。 シロアリ予防工事済（昭和・平成　年　月頃） ●過去にシロアリの被害があった。（箇所：　） シロアリ駆除　昭和・平成　年　月頃 被害箇所の修理　未・済　昭和・平成　年　月頃 ●現在シロアリの被害がある。（箇所：　） 現状引渡し・売主負担で駆除予定　平成　年　月頃
(3)建物構造上主要な部位の木部の腐食	（有：箇所と状況　・無）
(4)給排水設備の故障	（有：箇所と状況　・無）
(5)その他	

この書類に記載されている事柄については、後で知らなかったとはいえない。

中古マンションの
契約と法律

不動産登記簿のチェックは所有者と権利関係を念入りに

契約前に最新の登記簿を確認

登記簿には土地や建物の所在地や広さ、所有者、権利関係の情報が記されています。重要事項説明の際にも、登記簿の写しが渡されます。渡された登記簿が最新のものかチェックするためにも、事前に管轄の法務局に出向き、自らの目で確認しましょう。

マンションの場合はとくに建物の登記簿が重要です。登記簿は「表題部」「甲区」「乙区」の3つで構成されています。順に見ていきましょう。

「表題部」には土地、建物の所在、地番、家屋番号、床面積などが記載されています。

マンションの専有面積は、広告などの表示と登記簿の面積が異なります。広告などは「壁芯面積」といって壁の厚さの中心で計算した面積を表示していますが、登記簿では「内法《うちのり》面積」といって壁の内側で面積を計算して表示しているためです。

住宅ローン控除を受けるには、中古住宅では、2025年12月までの入居の場合、登記簿の面積で50㎡以上あることが条件なので、面積が50㎡台の場合、とくに注意が必要です。

このほか、登記簿の新築年月日を確認し、不動産取得税の軽減措置などの要件を満たしているかも確認しておくとよいでしょう。

売主と所有者が違う物件は要注意

「甲区」には所有者は誰で、いつ、どんな原因（売買、相続、贈与、競売など）で所有権を取得したかが記載されています。ここでは、売主と登記簿上の所有者が同一かを確認します。売主と所有者が違う場合は要注意です。たとえば、相続の手続きを行っていないと、登記簿上は前の所有者の名義が残ったままになります。こうした際は、売主に名義変更を行ってもらったうえで契約を結びましょう。

「乙区」には、抵当権など所有権以外の権利が記載されています。もし、抵当権が設定されたまま購入してしまうと、その債務を負わされる可能性があります。必ず購入前に抹消してもらう必要があります。

また、売主の住宅ローンの抵当権がある場合は、物件の売却代金を返済に充てることがほとんどです。この場合、ローン残高が売却代金より高いと、金融機関に残債をすべて支払えず、抵当権がそのまま残ってしまう危険性があります。売主のローン残高と返済状況についても不動産会社に確認し、引渡し時には、抵当権の登記が確実に抹消されることを条件としなければなりません。

不動産取引にまつわるトラブルは多く、本当にまれですが、売主と不動産会社で結託して、詐欺じみた真似を行っている場合もあります。少しでも不安を感じる部分があったら、納得のいくまで契約しないことです。

■不動産登記簿のチェックポイント

表題部のチェックポイント

土地・建物を特定する情報

マンションの専有面積は広告などの表示と登記簿の面積が異なる。住宅ローン控除など税制上の軽減措置を受けるには、登記簿の面積50㎡以上が条件。築年も登記簿で確認しておく。

甲区のチェックポイント

所有権についての情報

売主は本当に所有者か？　売主と所有者が違う場合、所有者の知らないところで売主が勝手に話を進めている可能性があるので、仲介会社に確認を。詐欺などのトラブルに巻き込まれる可能性も。

乙区のチェックポイント

所有権以外の権利関係についての情報

抵当権がついていないか？　抵当権が残っているということは債務が残っているということ。そのまま買ってしまうと借金を被る可能性も。購入前に必ず抹消してもらうようにする。

100％安全な不動産取引はないと考え
疑問点はそのままにせず必ず確認しよう!!

「売買契約書」では後悔のないようここを確認

契約すると簡単に後戻りはできない

不動産の売買契約書には今までの話し合いの合意事項に基づき、物件の登記内容や引渡し時期、手付金や契約解除の決まりなどが記載されています。

通常、契約日には、買主・売主が不動産会社に集まり、売買契約書の読み合わせを行います。契約書には重要事項説明書と同じ記載内容が多くあるので、重要事項説明書と照合しながら、両者に相違がないかどうかを確認しましょう。

なお、２０２２年５月の宅地建物取引業法の改正で、売買契約書への宅地建物取引士の押印が不要になったことと、電磁的方法による交付が可能になったことにより、リモートでの売買契約も法律上、認められています（１５２ページ参照）。

万全の体調で契約にのぞむ

契約内容に異存がなければ、署名、押印を行い契約となります。売買契約を結んだ後は、契約を解除するには違約金などのペナルティが科されます。売買契約書の中で、契約解除について明記されている部分をよく確認するようにしましょう。

万一、契約当日に「そんなこと聞いてなかった」といった内容が記載されている場合は、その場で売主と相談し、契約書を変更することができます。折り合いがつかないときは契約を延期し、場合によっては契約しないという判断もあります。

重要事項説明と売買契約は同日に行われるのが一般的です。長時間、集中力が保てるように、万全の体調でのぞむようにしましょう。

Check! 売買契約当日の流れと必要なもの

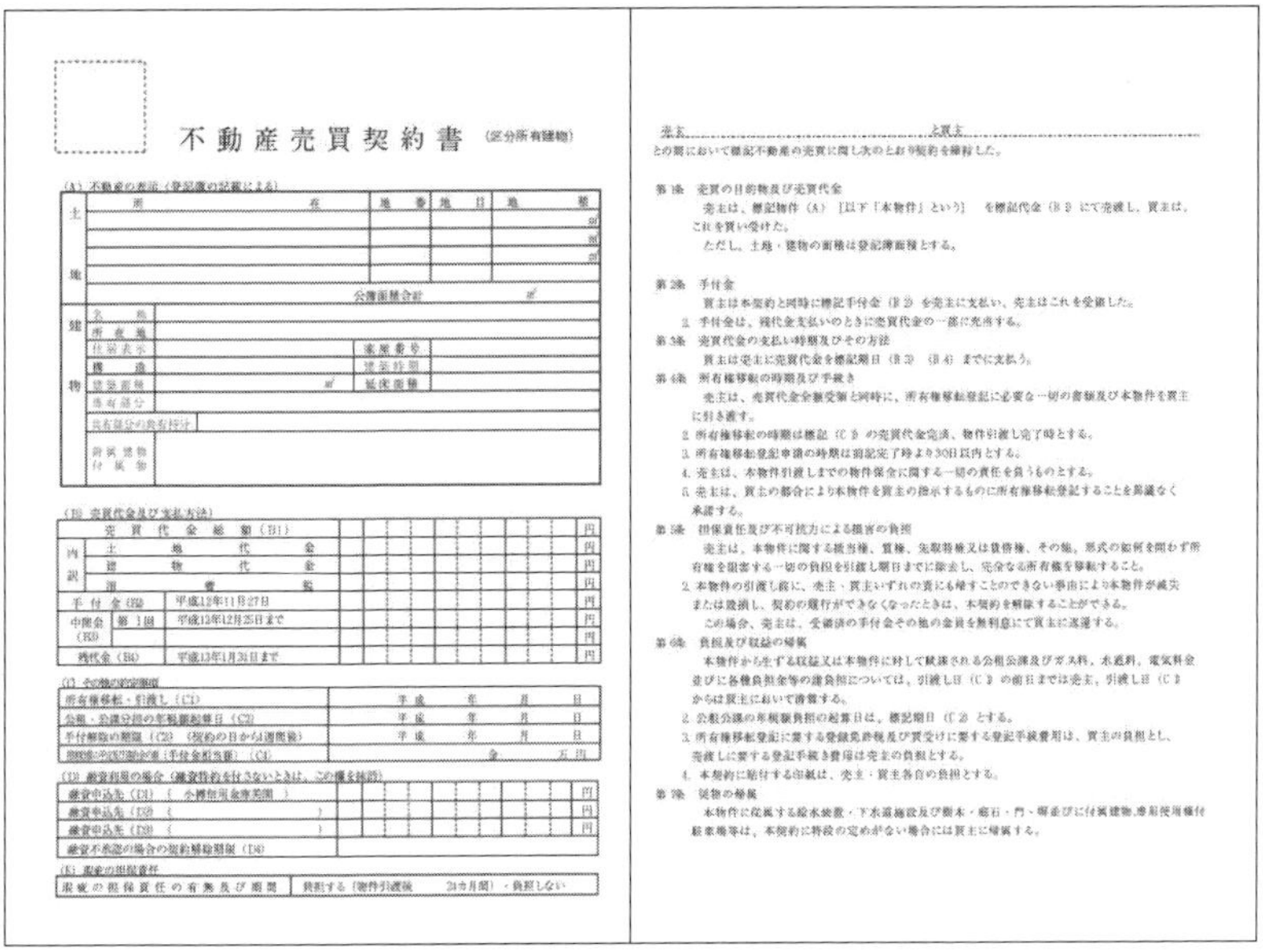
不動産売買契約書　(区分所有建物)

(A) 不動産の表示（登記簿の記載による）

	所在	地番	地目	地積
土地				㎡
				㎡
				㎡
	公簿面積合計			㎡

建物	名称			
	所在地			
	住居表示		家屋番号	
	構造		建築時期	
	建築面積	㎡	延床面積	
	専有部分			
	共有部分の持分			
	附属建物 付属物			

(B) 売買代金及び支払方法

売買代金総額（B1）			円
内訳	土地代金		円
	建物代金		円
	消費税		円
手付金（B2）		平成12年11月27日	円
中間金（B3）	第１回	平成12年12月25日まで	円
			円
残代金（B4）		平成13年1月31日まで	円

(C) その他の約定事項

所有権移転・引渡し（C1）	平成　年　月　日
公租・公課分担の年税額起算日（C2）	平成　年　月　日
手付解除の期限（C3）（契約の日から1週間後）	平成　年　月　日
違約金の額（手付金相当額）（C4）	金　万円

(D) 融資利用の場合（融資特約を付さないときは、この欄を抹消）

融資申込先（D1）（　小樽信用金庫某関　）		円
融資申込先（D2）（　）		円
融資申込先（D3）（　）		円
融資不承認の場合の契約解除期限（D4）		

(E) 瑕疵の担保責任

瑕疵の担保責任の有無及び期間	負担する（物件引渡後　24カ月間）・負担しない

売主　　　　　　と買主
との間において標記不動産の売買に関し次のとおり契約を締結した。

第１条　売買の目的物及び売買代金
　売主は、標記物件（A）〔以下「本物件」という〕を標記代金（B1）にて売渡し、買主は、これを買い受けた。
　ただし、土地・建物の面積は登記簿面積とする。

第２条　手付金
　買主は本契約と同時に標記手付金（B2）を売主に支払い、売主はこれを受領した。
２ 手付金は、残代金支払いのときに売買代金の一部に充当する。

第３条　売買代金の支払い時期及びその方法
　買主は売主に売買代金を標記期日（B3）（B4）までに支払う。

第４条　所有権移転の時期及び手続き
　売主は、売買代金全額受領と同時に、所有権移転登記に必要な一切の書類及び本物件を買主に引き渡す。
２ 所有権移転の時期は標記（C1）の売買代金完済、物件引渡し完了時とする。
３ 所有権移転登記申請の時期は前記完了時より30日以内とする。
４ 売主は、本物件引渡しまでの物件保全に関する一切の責任を負うものとする。
５ 売主は、買主の都合により本物件を買主の指示するものに所有権移転登記することを異議なく承諾する。

第５条　担保責任及び不可抗力による損害の負担
　売主は、本物件に関する抵当権、質権、先取特権又は賃借権、その他、形式の如何を問わず所有権を阻害する一切の負担を引渡し期日までに除去し、完全なる所有権を移転すること。
２ 本物件の引渡し前に、売主・買主いずれの責にも帰すことのできない事由により本物件が滅失または毀損し、契約の履行ができなくなったときは、本契約を解除することができる。
　この場合、売主は、受領済の手付金その他の金員を無利息にて買主に返還する。

第６条　負担及び収益の帰属
　本物件から生ずる収益又は本物件に対して賦課される公租公課及びガス料、水道料、電気料金並びに各種負担金等の諸負担については、引渡し日（C1）の前日までは売主、引渡し日（C1）からは買主において清算する。
２ 公租公課の年税額負担の起算日は、標記期日（C2）とする。
３ 所有権移転登記に要する登録免許税及び買受けに要する登記手続費用は、買主の負担とし、売渡しに要する登記手続き費用は売主の負担とする。
４ 本契約に貼付する印紙は、売主・買主各自の負担とする。

第７条　従物の帰属
　本物件に従属する給水設備・下水道施設及び樹木・庭石・門・塀並びに付属建物・専用使用権付駐車場等は、本契約に特段の定めがない場合には買主に帰属する。

■売買契約締結の流れ

重要事項説明書の説明

▼

売買契約書の読み合わせ
記載の売買契約条件の確認

▼

売買契約書に署名、押印

▼

売主へ手付金の支払い

▼

領収書の受け取り

〈出席者〉
売主、買主、仲介会社
〈必要なもの〉
◎実印（認め印でも可）
◎免許証など写真付きの身分証明書
◎手付金　◎契約印紙（収入印紙）

プロからのアドバイス

契約すると原則としてペナルティなしで解約することができません。納得できないときは契約当日でも質問し、それでもダメな場合は契約を延期するか、あるいは契約しない（購入を断念する）と判断することも必要です。

売買契約を結んだ後で契約を解除するとどうなる？

買主の個人的な事情により、手付解除期限内に契約を解除する場合には手付金を放棄します。手付金は物件価格の5～10％が相場ですから、百万円単位の大きな代償を支払うことになります。

手付金の放棄による解除が認められるのは、原則売主側が「契約の履行に着手する前」までです。実際には、契約の履行がいつだったかは特定しにくいため、「契約後、○日」など期限を設けて、契約書に記載していることが一般的です。

期限を過ぎての解除は話し合いのうえ、改めて合意解除契約を結ぶことになります。売買契約に定められた違約金を覚悟しなければいけません。

一方、売主の都合で手付解除期限内に解約する場合には、売主から手付金を返してもらったうえで手付金と同額の違約金をもらい、解除となります。

契約解除の特約はあるか？

ここまで何度かふれたように、売買契約後の契約解除にはペナルティが発生します。とはいえ、「急に転勤が決まった」「長期入院しなければならない」など、不測の事態により解除しなければならないことも実際に起こり得ます。

解除理由が契約書で認められているものであれば、ペナルティは科されません。たとえば、「融資が下りなかった（ローン特約）」「所有する物件の売買代金から費用を捻出する予定が、一定期間内に必要な額で売却できなかった（買い替え特約）」といった場合です。

特約以外の解除には手痛いペナルティ

Check! 契約を解除したときのペナルティの有無

ローン特約による解除

住宅ローンの融資が下りなかった場合。契約書に記載があればペナルティなしで解除できる。

引渡し前の滅失・毀損による解除

物件の引渡しを受ける前に、地震や台風などの自然災害や火災で建物などに損失があった場合、契約書に記載があれば、修復費用は売主が負担し、修復不可能であれば契約を解除できる。

売主の契約違反による解除

物件を引き渡してくれないなど、契約書の内容を売主が守らなかったときの解除。買主は、売主に一定期間の催告をしたうえで解除でき、違約金も請求できる。

買い替え特約による解除

現在住んでいる物件を売却して、購入費を捻出する予定が、一定期間内に必要な額で売れなかった場合。契約書に記載があればペナルティなしで解除できる。

手付解除

手付金を支払ってから契約の履行に着手するまでの間に、買主の都合で解除する場合は手付金を放棄。一般的には期限が定められることが多い。

手付解除期限後の買主の場合による解除

売主との話し合いのうえ、新たな解除契約を締結。買主側の責任が問われ、契約書に記載された違約金が発生。

入居後に問題に気づいたときは、損害賠償を請求できる？

契約不適合物件は責任を追及できる

　２０２０年４月1日より従来の「瑕疵担保責任」が新たに「契約不適合責任」に改められました（１１４ページ参照）。これまで売主に責任を問えるのは、実際に住み始めてから発見された隠れた瑕疵（不具合や欠陥）に対してだけでしたが、隠れていない不具合でも「契約内容に適合していない」場合は責任を追及できるようになりました。

　具体的には、「損害賠償請求」「追完請求（補修請求）」、追完請求しても期間内に補修されない場合は「代金減額請求」「催告解除」が行え、致命的な欠陥については「無催告解除」できます。これまで請求期限も原則、納品後1年以内だったものが、事実を知ってから1年以内（ただし、納品5年以内で請求権は消滅）に変更されています。

不具合が見つかったら仲介会社に連絡を

　問題に気づいたら、速やかに仲介会社（または売主）に連絡し、立ち会いの機会を設けます。立ち会いまでの間、写真や動画で記録しておくとともに、なるべく状況を保全しましょう。

　なお、売主の合意が必要ですが、買主の費用負担で、中古住宅の検査と保証がセットになった「既存住宅売買瑕疵保険」に加入してもいいでしょう。売買の際、専門の建築士が検査を実施。購入後5年以内に欠陥が見つかった場合は、補修費用等が保険金で補てんされます。売主が亡くなってしまったときも安心です。事業者や検査機関は国土交通省の「住まいの安心総合支援サイト」で検索できます。

Check!　お答えします！　購入のトラブル、こんなときはどうなる？

Q1
契約前に、大雨のとき雨漏りすると聞いていましたが、住んでみると、ふつうの雨でも雨漏りします。売主に補修してもらえますか？

Answer

売買契約書に「雨漏りがある」と記載されていれば責任を問えません。記載がなければ、気づいていて購入したとしても、契約内容に適合していないことになり、責任を追及できます。設備についても同様で、責任の有無が明示されているかどうかによります。

Q2
仲介会社の担当者から「この物件は2001年の物件なので、品確法により築後10年は施工主の保証が付く」といわれました。本当ですか？

Answer

ウソです。品確法とは2000年4月1日に施行された「住宅品質確保促進法」のことです。この法律の施行以後に建てられた新築マンションについては、「構造耐力上主要な部分」と「雨水の侵入を防止する部分」に欠陥があれば、10年間責任を負います。ただし、あくまで新築に限ります。

Q3
引渡し後に知ったのですが、実は寝室で過去に売主の父親が自殺していたそうです。契約を解除できますか？

Answer

契約不適合物件に該当するかどうかはケースによりますが、重要事項説明の告知義務違反に当たる可能性は高いです。不動産会社への損害賠償請求や契約解除が認められる場合があります。

中古マンションの
契約と法律

中古マンションにもクーリング・オフは適用されるの？

クーリング・オフの適用条件

クーリング・オフとは、定められた特定の取引について、いったん契約した場合でも契約書面を受け取った日から一定の期間内であれば、申し込みを撤回し、契約を解除できる制度のことです。

中古マンションの売買でもこの制度が適用されるケースがありますが、いくつかの条件を満たしている場合に限られます。

条件の一つは、売主が仲介会社（宅地建物取引業者）であることです。売主が個人の場合には、クーリング・オフの適用外となります。

もう一つの条件は、売買契約を結んだ場所が、売主の事務所や営業所でなかった場合です。たとえば、呼び出されて喫茶店で結んだり、自宅や勤務先に押しかけられて結んだようなときです。契約場所が自宅や勤務先だった場合でも、自ら望んで来てもらったようなケースはクーリング・オフできません。

適用期間は8日以内

クーリング・オフの適用期間は契約から8日間です。この8日間というのは、仲介会社が契約後に、買主に対して書面でクーリング・オフの説明をした日からです。通常、契約締結と同時に書面を渡されますが、渡されていない場合は仲介会社が説明義務を果たしていないことになるため、期限は設定されません。

ただし、8日以内であっても、対象物件が引き渡され、買主が代金の全部を支払ったときには適用外となります。

Check! クーリング・オフの条件と申し出するときの注意点！

■クーリング・オフの適用条件

クーリング・オフが適用される場合

◎売主が不動産会社（宅地建物取引業者）
◎契約場所が不動産会社の事務所以外
（喫茶店やホテルのロビーなど）
◎クーリング・オフ制度について説明した書面をもらってから8日以内

自宅や勤務先に押しかけられた場合も

クーリング・オフが適用されない場合

◎売主が個人
◎契約場所が不動産会社の事務所
◎自らが望んで自宅や勤務先で結んだ
◎適用期間の8日以内でも、買主が引渡し代金をすべて支払い終えてしまったとき

自ら希望した場合でも、喫茶店やホテルのロビーならクーリング・オフが適用

■クーリング・オフの方法

申し込みの撤回や契約解除の意思を記した書面を作成

▶

不動産会社からクーリング・オフの説明を書面で受けてから8日以内に郵送（消印が8日以内）

▶

契約解除・手付金などの返還

書面に証拠力を持たせるために、必ず配達証明付き内容証明郵便で郵送を！

中古マンションの値引き交渉の実現性は？

売り急いでいる物件は狙い目

中古マンションの値引き交渉は、人気物件ほどあまり期待できません。売主に住宅ローンが残っている場合など、その残高以下の値段に下げてまで無理して売りたくないというケースが多いからです。

一方で、値引きが期待できるのは、「転勤が決まっている」「期日までに新しい物件の購入費用を捻出したい」「長期間買手が見つからない」といった事情で売主が売却を急いでいる場合です。

ただし、「事件・事故があった」「将来、近くに幹線道路が通り、環境の悪化が予想される」「権利関係に問題がある」などの理由で売り急いでいる場合も考えられますから、くれぐれも売り急いでいる理由を見誤らないように注意が必要です。

掘り出し物もある「新古マンション」

もう一つの狙い目は「新古マンション」です。新古マンションに明確な定義はありませんが、販売不振などで販売会社から不動産会社などが買い取り、再販売している物件をいいます。

不動産広告で「新築」と表示できるのは、建築から1年未満で人が住んだことのない物件に限られ、新古マンションは「新築未入居」などのように表示されて販売されます。再販売にあたり、多少高めに価格設定されていることもあり、価格交渉の余地があります。ただし新古マンションは、ほかの居住者の手前、販売情報があまり出てきません。

もっとも、売れ残った物件にはそれなりの理由があるはずですから、慎重な判断が必要です。

Check! 値引きの狙い目はこんなとき!!

■値引きの可能性がある物件

売り急いでいる物件

◎転勤が決まっている
◎相続税の支払いのため現金化を急ぐ
◎新しい物件の購入費用にしたい
◎長期間にわたって買手がつかず困っている

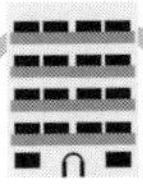

新古マンション

再販物件であることが多く、価格に余裕がある。そのため、交渉しだいで値下げしてもらえることも。

販売業者の決算期

マンションの売主が業者のとき、その業者の決算期（3月、9月など）は狙い目。
売り上げ確保のために物件価格を下げて売ることがある。

値引き交渉は購入の意思表示が大前提

買う気もないのに値引き交渉は無理。仲介する不動産会社の担当者も真剣に交渉してくれない。

値引き交渉マル秘テクニック!

はじめから「無理」とあきらめない!

中古マンションでは価格（値引き）交渉を前提に価格設定していることも多いので、はじめからあきらめずに交渉することがポイント。交渉してダメでも値上がりはしないのでチャレンジする価値あり。

価格の「端数」を狙う!

中古マンションの販売価格は厳密な計算で算定されているわけではないため、ある程度の含みがある。仮に2,980万円の値付けの場合、「80万円」についてはすんなりと値引きに応じてくれるケースも。

値引きの「理由」を提供する!

売主が個人の場合、実際に値引き交渉にあたるのは仲介会社の担当者。「引渡し後、この部分はリフォームが必要」など、値引きするための具体的な理由を与えてあげるほうが交渉しやすい。

中古マンション 購入チェックシート

建物をチェック！

□ 外壁や共用廊下、階段などにひび割れやタイルの浮きはないか?
□ 屋上の防水層にふくれやはがれはないか?
□ 1981 年 6 月以降に建築確認済証の交付を受けているか?
□ 地震対策が施されているか?
□ 消火や警報の設備は整えられているか?
□ エレベーターの設置台数は世帯数に対して問題ないか?
□ 駐車場や駐輪場の空き状況はどうなっているか?

室内をチェック！

□ 壁や天井（クロス）にひび割れやゆがみはないか?
□ 床（フローリング）は二重床か?　きしみや傾斜はないか?
□ 窓（サッシ）や扉の開閉はスムーズか?（ゆがみはないか?）
□ 上下階や隣家の生活音、外の騒音などは気にならないか?
□ 壁にエアコンの配管用の穴はあいているか?
□ エアコンの室外機を置くスペースはあるか?
□ 時間帯による日当たりはどうか?
□ ベランダや窓からの眺望はどうか?
□ 外から居室内をのぞかれないか?
□ 外部からベランダなどに侵入されやすくないか?
□ ベランダからの避難経路はどうなっているか?
□ 水回りの水栓から水漏れはないか?
□ バス、トイレ、洗濯機置き場などにカビが発生していないか?
□ キッチンの高さやガスレンジの向きなどは使いやすいか?
□ 携帯電話などの電波状況に問題はないか?
□ インターネット回線業者は複数から選べるか?
□ 給湯器などの交換やリフォーム歴は?（実施年、場所、程度）
□ 給湯器の給湯能力は何号か?
□ 電気の最大容量は何アンペアか?

周辺環境をチェック！

□ 職場や学校へのアクセスはよいか？
□ 銀行や郵便局・病院などに不便はないか？
□ コンビニやスーパーなど買い物の利便性は？
□ 子どもの通う小中学校の学区は？
□ 公園や子どもの遊び場所はあるか？
□ 避難場所は近くにあるか？
□ 近くに騒音・悪臭を出す施設などはないか？
□ 物件の目の前の道路の交通量は多くないか？
□ 隣接地に建設計画などはないか？
□ ハザードマップや過去に災害の被害がないか確認したか？
□ 事故や事件など治安はどうか？　夜間の照明や人通りはどうか？

管理・管理規約をチェック！

□ 管理は委託管理か？　自主管理か？
□ 管理人は常駐か？　通勤（週何日勤務）か？
□ 購入する住戸（売主）に管理費や修繕積立金の滞納はないか？
□ 管理費・修繕積立金に値上げの予定はないか？
□ 直近の大規模修繕はいつ行われたか？　長期修繕計画はあるか？
□ リフォームで管理規約にふれる部分はないか？
□ ペットや楽器等についての規約はどうなっているか？
□ 事務所や店舗に利用する場合、業種などにしばりはないか？
□ 駐車場を利用できる自動車のサイズは？
□ 駐輪場は整然としているか？　植栽はきちんと剪定されているか？
□ エントランスやごみ置き場など、清掃が行き届いているか？
□ 掲示板はきちんと機能しているか？

そのほかのチェック！

□ 住人同士でトラブルはないか？
□ 自治会や町内会への参加は半ば強制か？　活動状況は？

本書の協力者一覧

監修者

・不動産サポートオフィス

〒105-0012　東京都港区芝大門2-7-7　ベジタビル4F
TEL 03-3781-0707
http://2103-support.jp

事業内容：不動産に関する相談から、住宅購入者向け講座、セミナー講師および支援など

リフォーム設計・施工会社

・東京ガスリノベーション株式会社

〒142-0043　東京都品川区二葉2-9-15 NFパークビル2F
フリーダイヤル　0120-33-4937
https://rm.tgrv.co.jp

【掲載物件のお問い合わせ番号】

P130:No.1837／P131:No.2111／P134:No.2105
P135:No.1905／P138:No.1913／P139:No.1244
P142:No.2207

【監修者紹介】
秋津智幸（あきつ ともゆき）
不動産サポートオフィス　代表コンサルタント。公認不動産コンサルティングマスター、宅地建物取引士、ファイナンシャルプランナー（ＡＦＰ、ファイナンシャルプランニング技能士２級）。横浜国立大学卒業後、神奈川県住宅供給公社に勤務。その後不動産仲介会社を経て、独立。現在は、自宅の購入、不動産投資、賃貸住宅など個人が関わる不動産全般に関する相談・コンサルティングを行う。その他、不動産業者向けの企業研修や各種不動産セミナー講師、書籍、コラム等の執筆にも取り組んでいる。著書に『賃貸生活A to Z』（アスペクト）、『貯蓄のチカラ　30歳からのおカネの教科書』（朝日新聞出版）、『失敗ゼロにする不動産投資でお金を増やす！』（アスペクト）などがある。

STAFF／企画・編集：sumica（株式会社ノート／飯野実成）
カバーデザイン：中野岳人　イラスト：佐藤隆志、ピクスタほか
DTP：D-Rise 椛澤重実

本書の内容に関するお問い合わせは、お手紙かメール（jitsuyou@kawade.co.jp）にて承ります。
恐縮ですが、お電話でのお問い合わせはご遠慮くださいますようお願いいたします。

※本書は、2021年5月に小社から刊行された『〔2021~2022年版〕30年後に絶対後悔しない中古マンションの選び方』を、2023年3月現在の最新情報に基づき、大幅に加筆・再構成したものです。

〔2023～2024年版〕30年後に絶対後悔しない中古マンションの選び方

2023年5月20日　初版印刷
2023年5月30日　初版発行

監修　秋津智幸

発行者　小野寺優
発行所　株式会社河出書房新社
〒151-0051 東京都渋谷区千駄ヶ谷2-32-2
電話　03-3404-1201（営業）
　　　03-3404-8611（編集）
https://www.kawade.co.jp/

印刷・製本　株式会社暁印刷

Printed in Japan　ISBN978-4-309-29287-8